極めて解決が難しい紛争地において、日本から憎しみの連鎖を解いていく

私が代表を務める「アクセプト・インターナショナル」は、日本生まれの国際NGOだ。テロ・紛争解決を専門とし、いわゆるテロ組織との紛争の現場で、テロ組織からの投降を導くと共に、投降兵や逮捕者の脱過激化と社会復帰、社会との和解などを実現する日本唯一の組織である。様々な取り組みをおこなっているが、特にアフリカのソマリアと中東のイエメンといった熾烈な紛争地の最前線で日々活動している。アクセプトという団体名は「受け止める・受け入れる」という英単語であり、そうした姿勢の下で、日本から憎しみの連鎖を解いていくという決意を持っている。

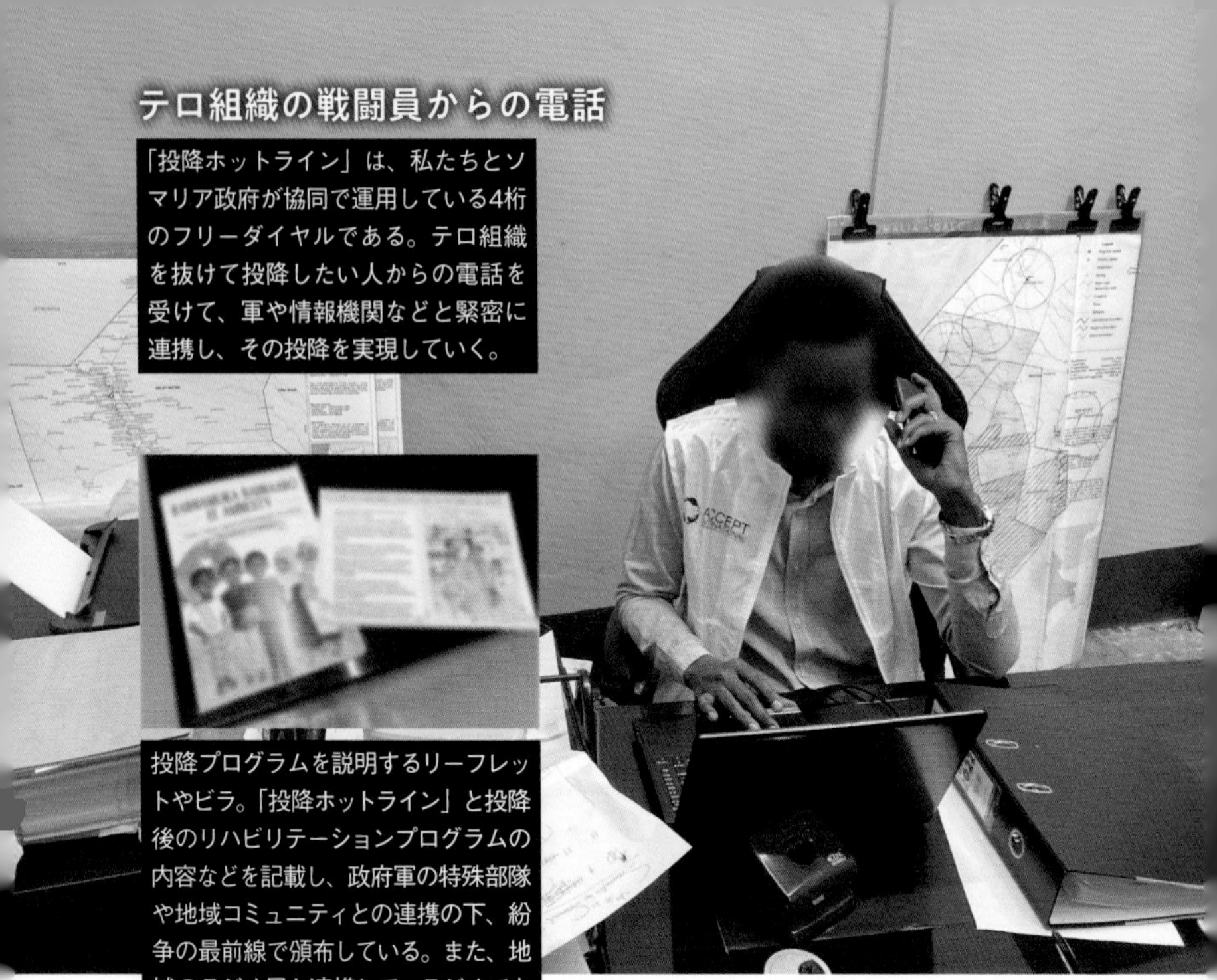

テロ組織の戦闘員からの電話

「投降ホットライン」は、私たちとソマリア政府が協同で運用している4桁のフリーダイヤルである。テロ組織を抜けて投降したい人からの電話を受けて、軍や情報機関などと緊密に連携し、その投降を実現していく。

投降プログラムを説明するリーフレットやビラ。「投降ホットライン」と投降後のリハビリテーションプログラムの内容などを記載し、政府軍の特殊部隊や地域コミュニティとの連携の下、紛争の最前線で頒布している。また、地域のラジオ局と連携して、ラジオでもそれらの情報を発信している。

電話を受けるとすぐに記録用のファイルにメモをする。そこには、テロ組織からの脅迫も多数ある。そもそもテロ組織は兵士たちが政府側へ投降したら必ず処刑すると宣言しており、実際にこれまで数名の投降希望者が投降を実現する直前で殺害された。

ah		Camara	[illegible]	Farah has called us last night and told us he has defected and is on the way from Camara. we have talked with SNA and Darawish Commander in Mudug to be alert and provide safety to the defector when he comes close or comes into the govt terriotory.
ah		Camara	[illegible]	Farah couldnt recieve the phone . we have called him several times
ah		Camara	[illegible]	we have called him but this time the phone was ringing and nobody could recieve.
ah				the phone is answered but we felt the voice was different. for security purpose, we have tried to make the conversation general like asking general questions. the person said this "YOUR PLAN TO WORK AGAINST AS HAS FAILED AND FARAH IS GONE". I cut off the call. I immediately called and had a talk with SNA nd Darwish and updated the situation. they have told us that they will look for intelligency information and will update us the fact.
e		Wisil	[illegible]	Bare from the SNA base at Wisil told us that they have confirmed that the man was caught on the run. the Jabhad Pattalion from AS fighters caught him 15km southwest of Camara and they killed him at the scene. the community there have confirmed his dead body.

ファラは昨夜電話をくれ、カマラを出発し、投降するために待ち合わせ場所に向かっているとのこと。

ファラと違う声の男から電話が来た。“我々に反逆するお前たちの計画は失敗した。ファラは死んだ”と告げられた。

現場付近の政府軍司令官からの電話があり、ファラがカマラより15キロ南西で殺されたことが確認された。

作戦開始
～テロ組織から投降を導く～

テロ組織からの投降を実現するミッション開始。「投降ホットライン」への連絡を起点に、投降希望者のプロファイリングとランデブーポイント（迎え入れる場所）を軍や情報機関と決めていく。赤い斜線で囲まれた部分が、テロ組織が実効支配する地域であり、赤線の内側は彼らが軍事行動をすることができる地域である。投降希望者はこうした場所から電話をしてくるため、その調整には細心の注意が必要となる。

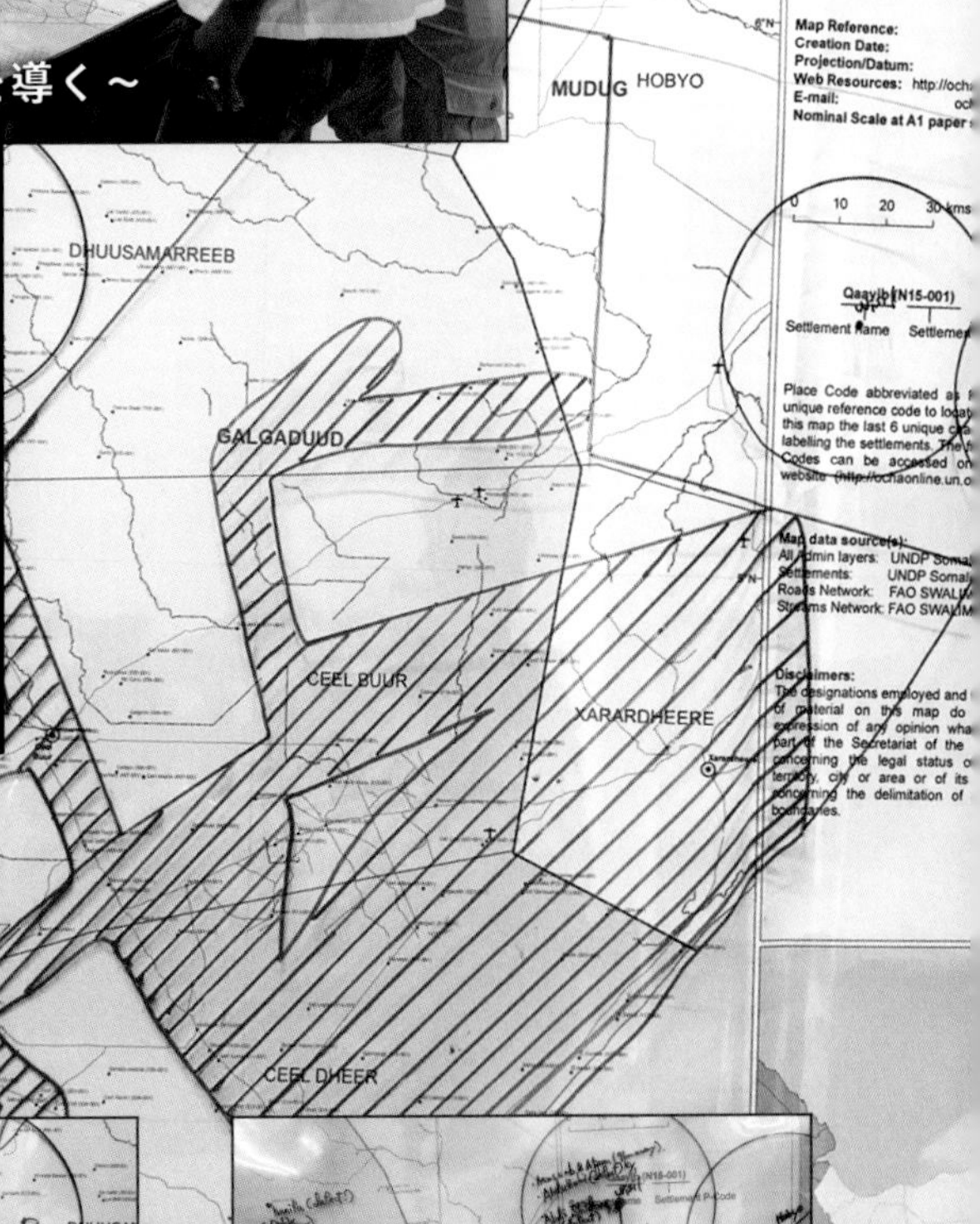

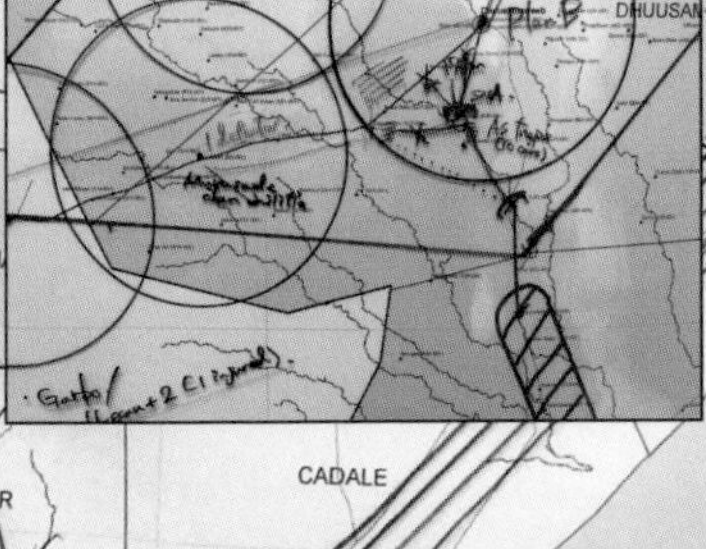

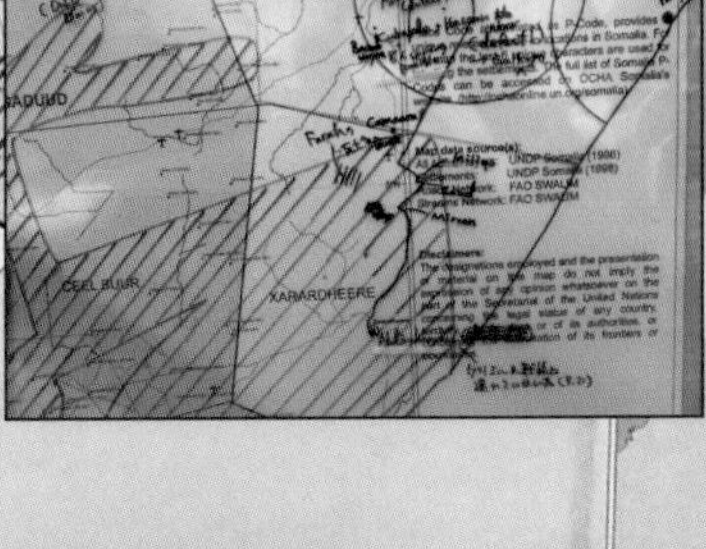

最前線へ投降兵を迎えに行く

投降希望者とのランデブーポイントが決まると、彼らを迎え入れるために移動を開始する。リスクコントロールをしたうえで、装甲車や武装車で車列を組みながら移動する。また、爆発や襲撃を受けるリスクが高いため、どのルートを選択するか、慎重に確かめる。なお、陸路での移動が難しい場合には、武装ヘリコプターを駆使して、投降希望者を迎えに行くこともある。投降兵も命懸けだからこそ、こちら側としても、決めた日時にランデブーポイントまで必ず行かなければならない。

土嚢の向こう側はもう、テロ組織の支配領域だ。紛争の最前線には、ソマリア政府軍やアフリカ連合軍ですら入ることができない領域が多数あり、そのはざまで戦闘が起きる。銃撃だけではなく、ロケット弾や、迫撃砲、爆発装置による攻撃も多い。また、車両を使った自爆テロや、自身に爆薬を身に着けての自爆テロも頻繁にある。

ランデブーポイントで投降兵を迎え入れる。投降兵は、情報機関による取り調べを受け、その後、私たちが待つ投降兵リハビリテーション施設に移送される。アブディは21歳で、子どもの頃にテロ組織に強制的に加入させられ、3か月の軍事訓練を経て、約6年間前線で兵士として働かされていた。

投降兵たちが「若者」として復活するために

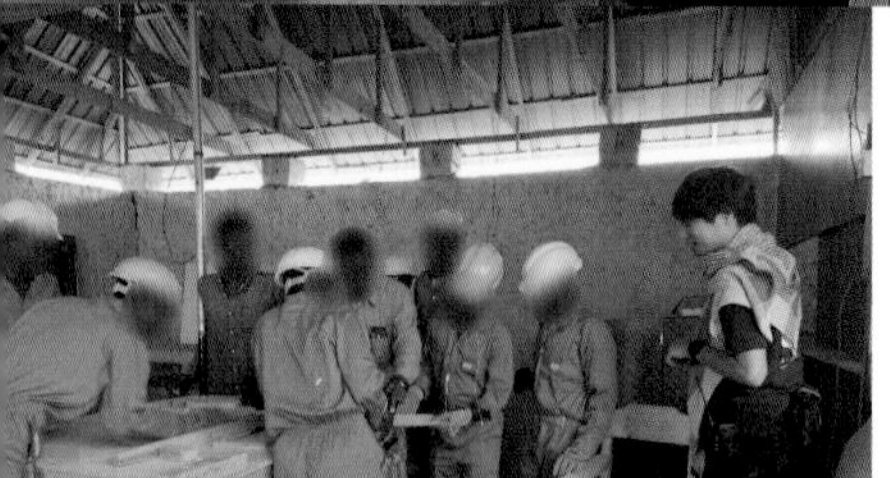

投降兵には、原則として12か月ほど、脱過激化と社会復帰を目的とする「リハビリテーションプログラム」を受けるべく、私たちが管理運営する「投降兵リハビリテーション施設」で生活してもらう。ここには概ね20〜30名の投降兵が暮らしている。まずは丁寧なカウンセリングをおこない、一人ひとりを受け入れると共に支援計画を定めていく。その後は毎日授業を受けてもらうが、まずは読み書きのクラスから始まることが多い。と言うのも、多くの投降兵たちが自分の名前すら書くことができないからである。また、テロ組織から植え付けられた暴力的過激主義を解きほぐすべく、イスラーム教の再教育ゼミもおこなう。一方的に教えるのではなく、イスラーム教の基礎を学びつつ、聖戦や他者の権利など重要なトピックをみんなでディスカッションをしながら、学びを深めていく。職業訓練もおこなっており、現在は木工のスキルを習得できるようにもしている。椅子や棚、ベッドのフレームなどの製作をじっくりとおこない、テロリストではない人生を実現する準備をしていく。

施設で提供している料理。投降兵たちは皆、紛争の前線にいた頃は、満足に食べることができなかったからこそ、ここでは1日3食、栄養満点でボリュームのある食事を提供している。施設では、みんなで寝食を共にする。だからこそ、各々友達のような関係になっていく。自由時間にはサッカーをすることが多い。テロ組織の支配領域ではサッカーは西欧文化として禁止されているが、ここでは皆ワイワイとボールを蹴り合っている。また、TiktokやYoutubeなどのSNSも人気だ。

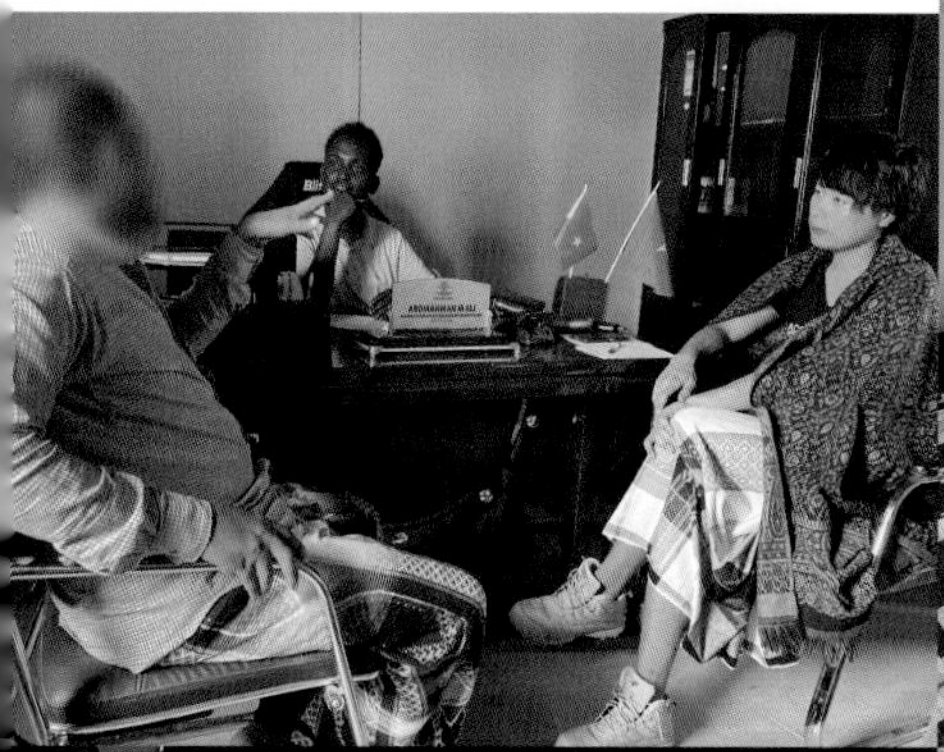

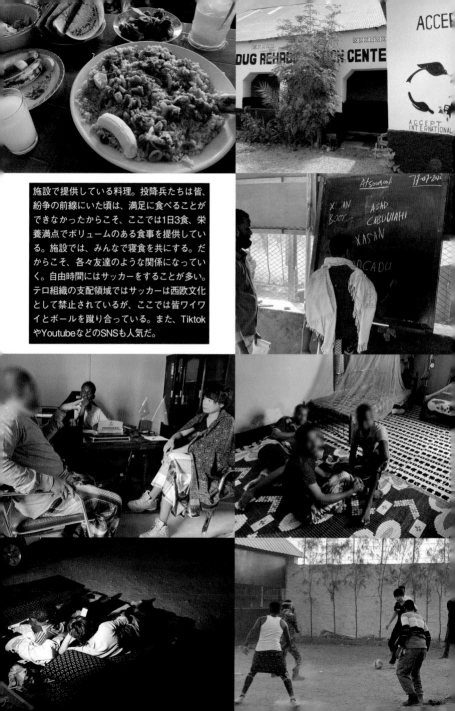

旅立ちの時

プログラムをすべて修了し施設を卒業するときには、ささやかな卒業式を開催する。「5か条の誓約書」にサインしてもらうことと引き換えに、修了証や社会復帰支援金、寄せ書き、緊急連絡先リストなどを手渡す。施設を出ていく際には、卒業記念の植樹もおこなう。ここで出会った友人たちとはきっと、一生の友になるのだろう。別れを惜しみつつ、みんなで送り出す。こうして一人、また一人、「テロリスト」ではなく、未来を形作る「若者」として、社会に戻っていく。

紛争地で「働く」私の生き方

永井陽右
Yosuke Nagai

小学館

はじめに

紛争地の現場に行くときには、装備品の点検が欠かせない。止血帯に、緊急圧迫止血用の特殊な包帯であるトラウマバンテージ、止血剤など、私が用意する緊急処置用品は、すべて軍隊用のものだ。一般的なガーゼや胸部の開放創を処置するチェストシールなどと共に、その使用期限や、個数を確認する。最も重要な止血帯は、いざという時には複数箇所に巻かなくてはならないし、トラウマバンテージについても、きちんと密封されているかどうかの確認が必要だ。そして、これらの装備品を詰め込む軍隊用の特殊なポーチについても、きちんと機能するかどうかを確認する。特に医療用品を入れるメディカルポーチは、片手で開けられるものであり、かつスムーズに内容物を取り出すことができるものでなければならない。というのも、紛争地の現場で、もし片腕が吹き飛ばされてしまったとしたら、最悪の場合、残された方の手だけで、応急処置をしなければならないからだ。現場には、衛生兵もいるし、近くには緊急の搬送先もあるが、現場に出る一人ひとりが、有事を想定したうえで最低限の備えをしておくことが必要不可欠である。また、トランシーバーや防弾ゴーグル、そして防弾チョッキとヘルメットに関しても、使用期限を確認しつつ、問題がないかどうかを事前に確かめる。特に、最新の防弾チョッキは防弾プレートの劣化が早く起こってしまうため、事前の確認を怠ることはできない。

さらに、有事の際に備えて、戦争特約が付いた保険にも加入しておく。私はアメリカの会社のものを利用しているが、これにより、有事の際には、日本を含む第三国への緊急医療搬送はもちろんのこと、戦闘や爆発による死亡事故や四肢切断、さらには遺体の日本への搬送などが補償される。もちろん、一般的な保険よりは高額になるが、紛争地で活動する以上、欠かすことはできない。加えて、何か私に異常があった際には、腕に付けているスマートウォッチやSOS機能付きの衛星電話などから、衛星通信で私の現在の位置が仲間の元へ自動的に連絡されるようになっているが、その連絡先が間違いなく登録されているかどうか、しっかり確認しておくことも大切である。また、有事の際に問題なくこうした連絡が届くかどうか、時には事前にテストもおこなう。

さらに私たちは、仲間が有事に直面していることを把握するための仕組みを、いくつか持っている。たとえば、私との連絡担当者が、私と24時間完全に連絡が取れなくなった場合には、何か不測の事態が起きていると判断し、日本の事務局側で対応行動を始める。そのため、どんなに忙しくてもその連絡担当者とのブリーフィング（打ち合わせ）を事前におこなっておく。

いわゆる紛争地での仕事は、実に多種多様である。医療や食料支援などをおこなう人道支援もあれば、教育や国家建設などを含む開発支援もある。また、紛争の前線からは離れるが、外交的な仕事や純粋なビジネスの仕事だって、もちろんある。そんな中で、私の仕事は、紛争地における最も危険な仕事の一つと断言できる。危険自慢をしたいわけでは全くない。そもそも、危険であることが嬉《うれ》しいことであるはずもない。それでも、事実としてそうなのだ。テレビなどでよく見かける戦渦の緊急人道支援とは違って、一般の人々からすると、イメージもしにくければ、現地の人ですら関わることを恐れる仕事。それは、そもそも対話することすらできない、いわゆるテロ組織を相手にして、兵士の投降を引き出し、彼らを脱過激化させ、社会復帰に導くという仕事だ。こうした仕事を進めていくにあたっては、リスクコントロールと、有事の際の備えが桁外《けたはず》れに重要になってくる。

この仕事を始めて早11年。思えばすっかり大人になった。けれども、心に思うことは同じだ。11年前と全く変わっていない。必要とされているけれども、多くの人ができないことをやる、ということ。今でも私はそう考え、事務所に置いてあるUSBメモリーに保存されている「遺書」と言うにはあまりにもぶっきらぼうな引き継ぎ書のワードファイルを更新し、家の猫を預け、重いスーツケースを引きずりながら、空港へと向かう。

和平合意を結べないテロ組織、武装解除の取り組みが通用しないどころか、究極的には対話することもできなければ、現代社会の価値観とは相反する面を持つ極めて難しい相手。彼らに対して、私たちには一体何ができるのか。殴り合いはダメで対話が大事、とはよく言うが、対話を拒絶する暴力的で過激な相手に対して、一体何ができるのか、そして、何をするべきなのか。そうした問いと、私は日々向き合っている。

紛争地では、今日も多くの人々が苦しみ、亡くなり、そして難民や飢餓など、さらなる数えきれない問題が生み出されている。そして、そうした数々の問題が、さらに紛争の構図を深めていく。

残念ながら、こうした問題に対する、完全な答えを私たち人類はまだ持っていない。しかも、私たちの活動については、予算を確保することも難しければ、常に剥《む》き出しの危険にさらされてもいる、非常に難しい仕事である。しかし、私たちの前には、この世の中のすべてから取り残されてきた人々がいる。だからこそ、私はやるのだ。こうしてみると、私たちの活動は、究極的には、仕事というよりも「生き方」そのものでもある。できるかどうかはわからない。しかし、やるべきことであることはわかる。そうであれば、やるのだ。これこそが、この仕事を始めて11年経《た》っても、今も変わらない私の信念だ。そして、きっとこの信念は、どんなに時が経っても、これからも決して変わらない。私はそう信じている。

目次

■ソマリア連邦共和国位置図

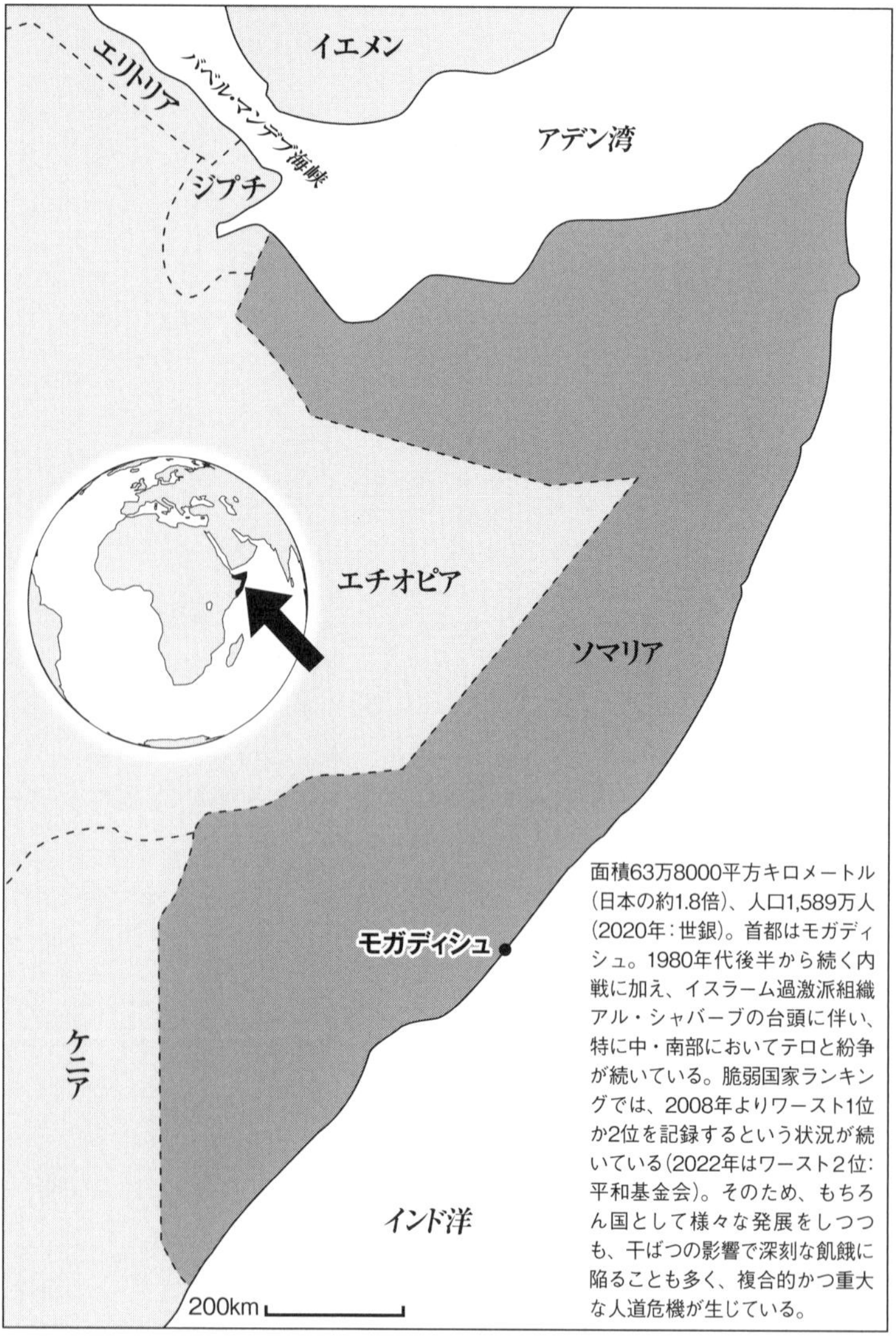

面積63万8000平方キロメートル(日本の約1.8倍)、人口1,589万人(2020年：世銀)。首都はモガディシュ。1980年代後半から続く内戦に加え、イスラーム過激派組織アル・シャバーブの台頭に伴い、特に中・南部においてテロと紛争が続いている。脆弱国家ランキングでは、2008年よりワースト1位か2位を記録するという状況が続いている(2022年はワースト2位：平和基金会)。そのため、もちろん国として様々な発展をしつつも、干ばつの影響で深刻な飢餓に陥ることも多く、複合的かつ重大な人道危機が生じている。

■イエメン共和国位置図

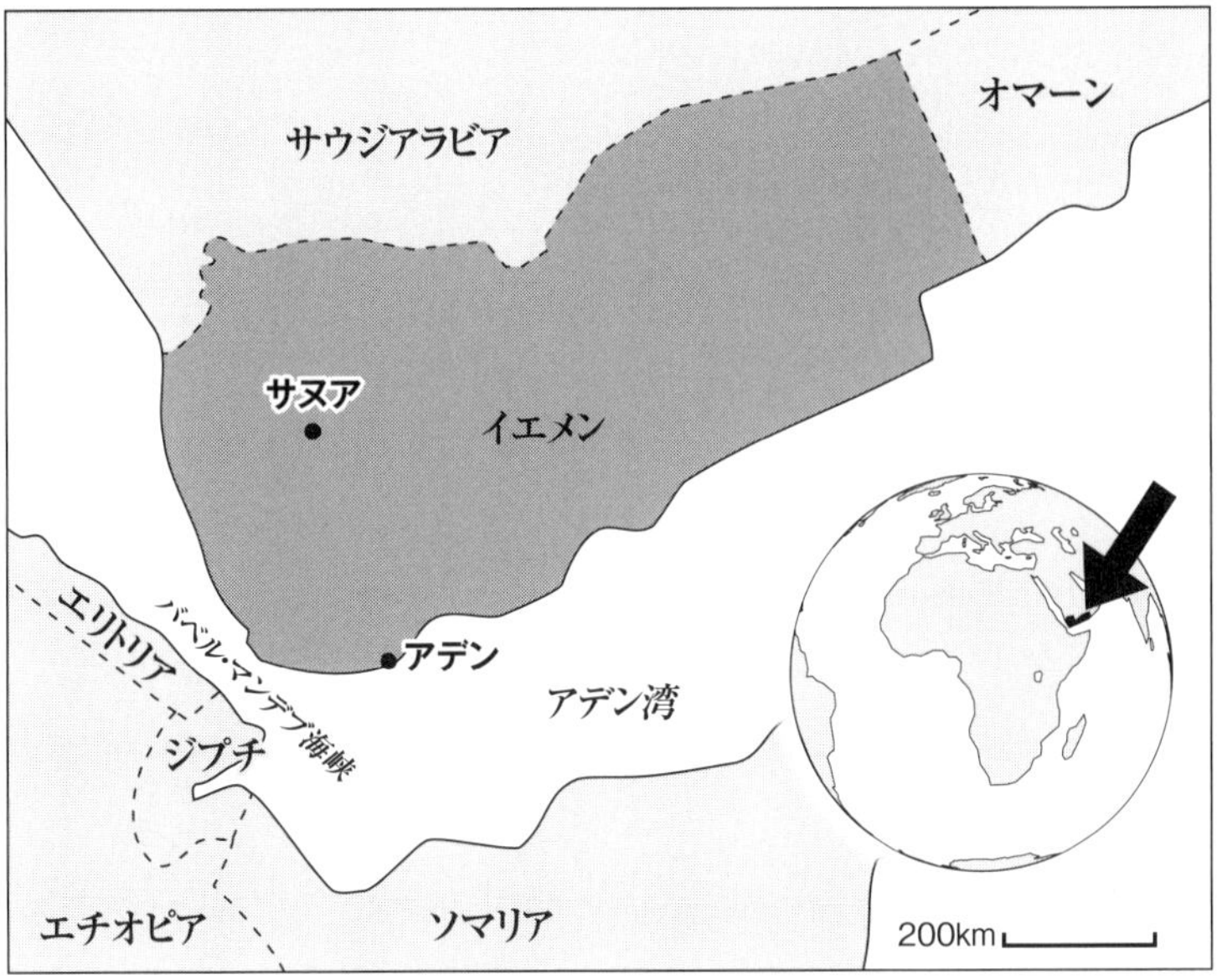

面積55万5000平方キロメートル（日本の約1.5倍弱）、人口約2,983万人（2020年：国連）。首都はサヌア。2011年に起きた大規模な反政府デモにより長期政権が崩壊。イスラーム教シーア派武装勢力フーシ派が勢力を伸ばし首都サヌアに侵攻、2015年には実権を掌握した。その後、フーシ派に対抗するべく、イエメン政府はアデンを暫定首都とし、サウジアラビア主導の連合軍などの支援を受けながら内戦が続いている。他にもイスラーム過激派組織アラビア半島のアル・カイダなどの武装勢力がおり、脆弱国家ランキングでは、2019年よりワースト1位（2022年：平和基金会）を記録しているように、深刻な状況が続いている。

［注］

投降兵や受刑者、機密情報、そしてリスクコントロールのために素顔や本名を公表できない人などに関しては、本書を通じて、モザイク処理をおこなうほか、仮名を使用しております。ご了承ください。

第1章◎テロ組織から兵士の投降を導く

投降ホットライン

「ピリリリリリリ」

投降ホットラインの電話が鳴る。すぐさま番号を確認する。どうも初めて見る電話番号からの着信だ。投降ホットラインとは、テロ組織から兵士たちの投降を受け付けるために、私たちが用意した電話番号のことである。投降を受け付けた後は、投降に向けた調整とその後のリハビリテーションにつなげていく。この番号には、日夜電話がかかってくるが、毎回形容しがたい緊張感が、私たちの周囲に走る。電話を取る担当者は2名おり、私たちとソマリアの現地政府および政府軍の共同のチームで、これに対応している。

「これは投降受付の電話番号か？」

「そうです。電話をくれてありがとう。私はアブディフィタハ、状況を教えてくれるか？」

「俺はムアード、今はハラデレ近くにいる。投降をしたい。もう辞めたい。どうか俺を助けてほしい」

アブディフィタハは、電話担当者のうちの一人。ムアードは、テロ組織であるアル・シャバーブが戦闘員に与える最もポピュラーなニックネームの一つだ。アル・シャバーブは、アフリカ大陸の東部に位置するソマリアを拠点とするアル・カイダ系列の、いわゆるイスラーム系暴力的過激主義組織で、今ではアフリカで最も人を殺している組織とされているばかりか、世界で最も活動的なテロ組織の一つとなった。

そして、ハラデレという場所は、中部ソマリアのガルムドゥグ州の南東部にあり、アル・シャバーブがすでに10年ほど支配している中規模の町である。漁村にも近く、少し前まではソマリア海賊の拠点の一つでもあった場所だ。私たちは、時にはアル・シャバーブの支配する領域に、ソマリア政府軍を中心とした軍の部隊を展開することもあるが、ハラデレには、こちら側の部隊が入ることはできない。というのも、そこに向かう途中の道には、多くの爆発装置や地雷が仕掛けられているうえに、アル・シャバーブの兵士による検問が続くからだ。そもそも、このガルムドゥグ州の多くはアル・シャバーブに支配されており、最も危険な前線の一つとなっている。こうした中、ソマリア政府軍がハラデレとその周辺を完全に奪還することは、簡単ではない。

「ありがとう、ムアード。部隊と君の任務を教えてくれるか？　こちらで照合をしたい」

「任務は戦闘員だ。今は8人ほどのチームで前線にいる。うち一人は戦闘で負傷している。俺はどこに行けばいい？　何をすればいい？」

「今、君の置かれている状況を確認した。君のいる場所から一番近いこちらの基地は、ウィシルにある。どうにかして、ウィシルから20キロか30キロ付近まで来ることはできないか？」

「そんなこと、できるわけがないだろ……。そこに着くまでの間にアル・シャバーブの連中に見つかってしまったら、それこそ、もうおしまいだ」

「それは、わかっている。しかし、こちらも君のいるハラデレまでは、どうしても迎えに行くことはできないんだ。ギリギリまで行けたとしても、ゲーデレイあたりになりそうだ」

「わかった。一度、そちらの近くにまで行けるかどうか、探ってみる……。ただ、ハラデレを出られるかどうかすら、今はまだわからないような状況だ……。まさか投降した後に、ソマリア政府軍に処刑されるということはないよな?」

「大丈夫だ。私たちは、君を守るためにここにいる。信じてくれ」

「また電話できるときを見つけて、この番号に電話する。ただ、そちらからはかけないでくれ。もし誰かに見つかったら、その時点で俺は殺されてしまう」

「了解した。この番号に、またかけてくれ。いつでもスタンバイしている。すぐにまた話そう」

電話が終わると、さっそく大きな地図を広げ、そこにアブディフィタハとの会話で得たムアードの情報を書き込み、ランデブーポイント(投降を受け入れる場所)と投降を受け入れる日時をどうするかについて、スタッフと議論していく。また、現場近くの基地に駐屯しているこちら側の軍の司令官に連絡し、投降兵をどこまで迎えに行けるのかについて現実的な議論をしながら、戦局を考慮しつつ、急いで素案をまとめていく。

なお、アル・シャバーブは兵士たちがソマリア政府側に投降することを禁じており、投降したことが見つかると、本人だけでなく、その親族を含めて処刑されたり、監禁されて拷問《ごうもん》を受けたりするこ

■ソマリア・ガルムドゥグ州位置図

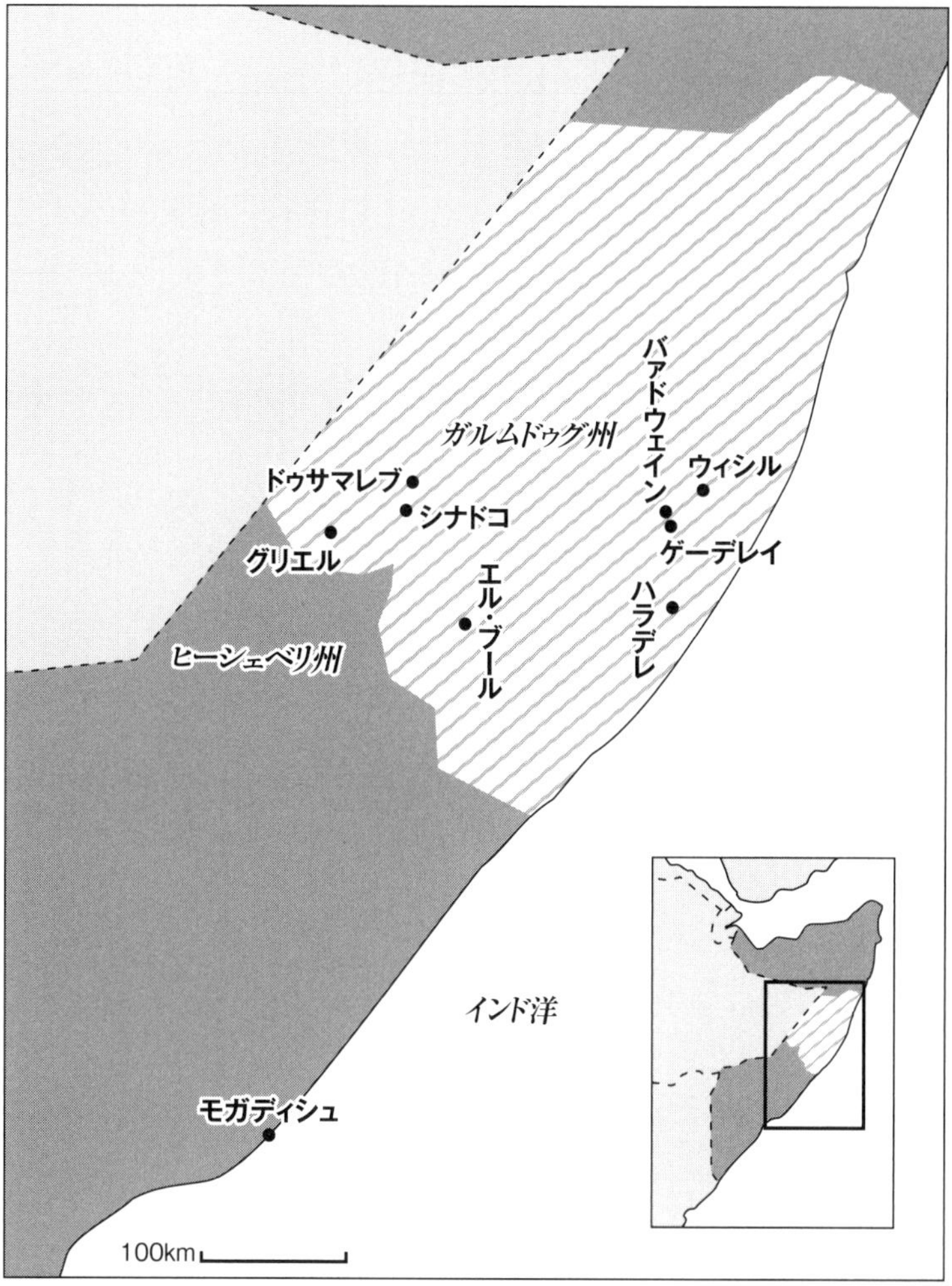

とになる。また、アル・シャバーブ内部にはソマリア政府やアメリカ政府などのスパイが潜伏しているとされており、アル・シャバーブの支配領域では、スパイ活動を抑制するため、基本的にはシンプルな携帯電話しか持つことが許されていない。そして、スマートフォンなどを持っていた場合には、その時点でスパイと見なされてしまう。そのうえ、シンプルな携帯電話しか持っていなかったにもかかわらず、スパイ容疑をかけられて処刑されることすらある。ちなみに、アル・シャバーブの支配領域では、彼らが敵と見なす西欧の文化は禁止されており、ダンスやサッカーをすることも、ネクタイを着けるのも、映画を見ることも禁止されている。

それゆえに、投降を望む彼らの多くは、たいへん恐れながら、そしてどうにかチャンスを見出して、命からがらこちらに電話をくれるのだ。それだけでも十分に危険な行為であるが、実際に投降を決行するともなれば、はるかにリスクが増すことになる。

投降を決行するタイミングとして最も望みが大きいのは、イスラーム教における「ラマダーン（断食月）」の期間である。ラマダーンは、毎年イスラーム暦9月の、1か月ほど断食（といっても、日が暮れれば食べてよい）をする期間であり、イスラーム教徒にとっては非常に神聖な期間でもある。そもそも断食はイスラーム教の五行、すなわち「信仰告白」「礼拝」「喜捨」「断食」「巡礼」のうちの一つであり、ラマダーン期間は様々な欲を捨て、静かに、そして丁寧に、自身の信仰を確かめる大切な時期だ。そして、このラマダーン明けを祝う期間が、最もアル・シャバーブによる監視の目が緩くなるのである。だからこそ、投降のタイミングとして、ラマダーン期間（特にその終わり頃）は狙い目となっている。

ムアードは、その後も何度か電話をくれており、そこでのやりとりも踏まえて3週間ほど私たちが調整を重ねたうえで、どうにかランデブーポイントが決まった。彼のいる場所から最も近いこちら側の軍事基地があるウィシルから、30キロほど先にあるバアドウェインという場所だ。ここはアル・シャバーブとの交戦エリアではあるが、ここなら部隊を派遣することができなくはない。

投降を決行する日時も決まり、いよいよその日がやってくると、ムアードが闇に紛れるようにして走り始める。食料を運ぶトラックに乗せてもらい、その中で隠れるようにして身を潜めながら距離を稼ぎ、近くで降りてからは、バアドウェインめがけて2本の脚で駆け抜けた。同じ前線にいる7人の仲間たちはまだ、私たちの投降プログラムを信じきることができておらず、政府軍サイドの罠《わな》である可能性があるとも考えていたようで、ひとまずムアードだけが投降するという形となった。

「ハラデレから、いよいよ脱出する。明朝にはきっと、バアドウェインまで到着できるだろう。どこかで携帯の電源が切れてしまうかもしれないが、俺は必ずそこに向かうから、どうか待っていてくれ」

ムアードの言葉は、すぐさま彼を迎え入れる軍の部隊に伝えられ、そのためのスタンバイをする。このようにして、何とか彼を無事に迎え入れることができた後には、まずは彼を歓迎し、甘いお茶を飲んでもらいながら、ひと休みさせる。その後、私たちと連携する情報機関の取り調べへと進む。その間も、私たちは彼との連絡を保ち続ける。というのも、ムアードの場合は大丈夫だったが、取り調べの手続きが難航したり、取り調べ対象者が一筋縄にはいかなかったりする場合には、私を含むチームが現場まで向かうこともあるので、取り調べが無事に進んでいるかどうか、常に把握しておく必要があるからだ。そうして、晴れて取り調べが終われば、投降者はようやく、彼らの社会復帰を助けるための施設である「投降兵リハビリテーション施設」に迎えられることになる。ここまでたどり着いて初めて、彼らはやや緊張しつつも、ようやく安堵《あんど》することになるのだ。

投降を少しでも多く受け付けるために、私たちは投降ホットラインの電話番号を4桁のフリーダイヤルにしている。もともとは9桁の一般的な電話番号であったが、情報機関や通信会社と交渉を重ねた結果、誰もが非常に覚えやすい4桁の番号を使用することができるようになったのだ。このフリーダイヤルを通して、自発的な投降を無事に実現することができた場合には、情報機関の取り調べを経て、それほど罪をおかすリスクが高くない者であると判断されれば、私たちが用意する基礎教育や職業訓練などをおこなう12か月ほどの「リハビリテーションプログラム」に参加することができる。

投降を促進するための手段として、この4桁のフリーダイヤルと、リハビリテーションプログラムの内容、そしてすでに投降を決断した人々の声や、私たちからのメッセージを書いたリーフレットやビラを作成し、最前線にいる部隊や、現地に住む部族の長老や氏族長、コミュニティなどと連携して、最前線を含む広範囲の地域に頒布している。これと同時に、現地のラジオ局と連携し、ラジオ番組で毎週3回、この4桁のフリーダイヤルと、リハビリテーションプログラムの内容を紹介してもいる。

こうした努力の成果もあってか、フリーダイヤルには、毎日投降を希望する人たちからの電話が鳴るのである。

投降ホットラインへの電話は、実際に投降したい人からかかってくることが多いのはもちろんだが、その親族からかかってくることも少なくない。

たとえば、

「私の二人の子どもたちが、アル・シャバーブに徴兵されてしまった。今はおそらく、バハドの南のあたりで戦っていると思う。どうすればあの子たちを助けることができるでしょうか?」

「自分の若い兄弟たちが今、アル・シャバーブにいるんだ。この投降プログラムは、本当に彼らを救ってくれるものなのか? そうであれば、どうにかして彼らを救ってあげてほしい」

「私はベレトウェイン郊外に住む氏族の長老の一人だが、私たちの氏族の中にもアル・シャバーブに参加してしまっている者たちがいる。彼らをこちらに連れ戻すために、私もぜひ協力をしたいのだが、どうすればいいか?」

このような内容だ。

一方で、このフリーダイヤルには、アル・シャバーブからの数えきれないほどの脅迫も届く。というのも、私たちが作成したリーフレットを読んだり、投降希望者に向けた私たちのメッセージをラジオの放送で聞いたりするのは、何も投降希望者とその親族だけではないからだ。そもそも、アル・シャバーブからすれば、自分たちが禁止している投降を促すような活動をしている私たちは、ただの敵でしかないわけである。また、そもそも、いわゆる西欧諸国などは、彼らからすれば憎むべき敵とされている。それに加えて、私たちがこうした彼らの嫌う仕事に携わっていることから、ますます彼らの敵意をかき立てるというわけである。

だからこそ、リーフレットをはじめとして、何かメッセージを発信するときには、努めて柔らかいトーンを使うように心掛けたり、優しいイラストを多用したりするといった工夫をする一方、決して敵対的な言葉は使わないように留意している。

このあたりは、以前とある欧米の国が担当した、投降を促す活動における失敗を教訓にしている。彼らは、あろうことか、アル・シャバーブをゾンビや亡霊として描き、アメコミらしい服装をしたヒーローが、ゾンビや亡霊から人々を守るといったテイストのリーフレットを作成して、頒布したのだった。それに加えて、空爆するのと同じように、アル・シャバーブの支配地域の上空から、投降を促すビラをばら撒《ま》いたこともあった。その結果、投降を引き出すどころか、彼らの大いなる反発を招くだけの結果となってしまったのだ。

それに比べると、私たちの活動は、たいへん人道的かつ人権的と言えるのではないだろうか。しかしながら、それでもなお、アル・シャバーブからの激しい敵意が、私たちを容赦なく突き刺すのである。

「お前たちが何をしているのか、俺たちはすべて把握している。必ずお前を殺す」
「この背教者ども。お前たちは俺たちの敵だ。俺たちは、お前たちを決して許すことはない」

「間違ったことをするな。今からでも望むのであれば、お前も変わることはできる。それでもまだ続けるのなら、お前は必ず裁きを受けることになる」

「俺たちは、お前をいつでも監視している。タイミングが来たら、お前は必ず死ぬ」

過去のこうした通話記録を眺めるだけでも、十分に陰鬱《いんうつ》な気分になる。

こうした脅迫の言葉を前に、現地スタッフの一人が、どうしても仕事を続けることができないというところまで、追い込まれてしまったこともあった。また、私たちと連携して活動する人々が、アル・シャバーブからの攻撃で亡くなることも多い。

このような危険な仕事なので、私たちが活動するにあたっては、自分の名前や所属する組織名、国などは、相手には明かしていない。それどころか、虚偽の情報を織り交ぜることもある。このあたりは、現地の政府や軍隊とも慎重に議論をして、リスクを少しでも軽減できるよう、日々努力しているのである。

「エル・ブール」奪還作戦

ここ中部ソマリアでは現在、アル・シャバーブから重要な町を奪還せんとする、ソマリア政府軍による軍事作戦が進行している。以前にも大規模な軍事作戦をおこなったが、大きな戦果を挙げることができなかったため、仕切り直しの軍事作戦となる。今回の最大目標はエル・ブールという町であり、中部ソマリアにおけるアル・シャバーブの大きな拠点だ。エル・ブールは、アル・シャバーブの高官が度々訪れるほどの重要な場所であり、いくつもの軍事訓練場が置かれている場所でもある。ここで多くのアル・シャバーブの戦闘員がおよそ3か月間軍事訓練を受け、その後、前線に送り出される。

しかし、この町はまた、私たちの現地スタッフのリーダーであるアブドラの故郷でもある。

「もちろんいつかは、エル・ブールに帰りたい。僕の故郷だからね。そのときはみんなを招待するから、いっしょに旅行に行こう」

同年代の彼は、笑いながらそう私に話してくれるが、

「それは、まだまだ先の話だけどね。もし奪還が成功したとしても、またアル・シャバーブに奪い返されるかもしれない。政府とも仕事をしている僕が、そのとき奴らに見つかれば、その場で処刑され

るだろう」

と、いつも少し寂しい目をしながら言葉を添える。

このエル・ブールの奪還作戦は、ガルムドゥグ州においては、州都ドゥサマレブと、そこから西に60キロ離れたグリエルという町から展開されている。州都ドゥサマレブから南東に約100キロ先のエル・ブールへの道のりは、アル・シャバーブのチェックポイントや罠、攻撃が待ち構えているため、非常に険しいものだ。それでも、隣のヒーシェベリ州からの軍事作戦や、この地域に住む武装した一般住民の協力などを受けながら、こちら側の軍は快進撃を続け、エル・ブールまで残り50キロほどのところまで迫った。武器を持った一般市民と正規の軍隊が連携するというのは、様々な問題があるため、本来であれば敬遠される。また、そもそもソマリアには、アル・シャバーブ以外にも50を超える武装勢力がおり、それらに対処する必要にも迫られている。だが、それでも今は、アル・シャバーブを皆で連携して打倒しようというのが、最優先の課題ということである。敵の敵は、ひとまず味方というわけだ。

私たちはそもそも、ドゥサマレブとグリエルにある軍事基地とも連携しながら、ガルムドゥグ州における兵士の投降を促す取り組みを続けているが、これには、もう一つ留意しなければならないことがある。というのも、奪還作戦がおこなわれているエル・ブールへと続く道の途中にあるいくつかのアル・シャバーブが支配する村々や、ひいてはエル・ブールにも、投降を希望して私たちに電話をくれた兵士たちが、何人もいるのだ。

たとえば、最初にアル・シャバーブから奪還したシナドコという村には、ヤシンという青年が投降を希望していて、その調整を待ってくれていた。また、最終目標のエル・ブールにも、4名もの投降の調整待ちの若者たちがいた。しかも、そのうち一人はアル・シャバーブの医者であり、彼の投降を実現することは、戦局をこちら側にとって有利なものにするためにも、たいへん大きな意味を持っていたのである。それゆえ、軍隊ではない私たちのチームも、彼の投降を促すため、シナドコまで付いていくことになった。まさに、従軍といえば従軍である。命の保証など、全くない。

シナドコの奪還作戦は、もちろん銃撃戦にはなったものの、幾分かすんなり達成された。この戦闘によって、40名以上が死傷した。毎度、死亡した兵士たちの写真はすべて、私たちと連携する現場の軍の部隊たちから私宛《あて》に送られてくる。アル・シャバーブがいかに悪名高い組織とは言え、そこにいる彼らも、私たちと変わらない同じ人間なのだという当たり前の事実を、並べられた死体を眺めながら、改めて気づかされる。殺し合う者も、死体も、その死体を並べる者も、そして、死体を見下ろしながら記念写真を撮る者も皆、同じ人間なのだ。

戦局が不利に傾いたと見たアル・シャバーブの戦闘員は、さらにエル・ブールに近い村まで敗走していった。シナドコを奪還できたのはよかったが、私たちが投降の調整をしてきたヤシンは、行方不明になってしまった。戦死した兵士たちの中にも彼の姿が見当たらなかったことから、さらに奥にまで逃げていったのだろうと思われた。残念なことに、この侵攻の直後から連絡が完全に途絶え、音信不通になった。

この侵攻があった日と同じ日に、シナドコにいる一人の政府軍関係者から、私宛に写真付きのメッセージが届いた。

「お前たちの作ったリーフレットが、アル・シャバーブの戦闘員が使う小屋の中にあったぞ。いくつかは、小屋の外にも落ちていた」

メッセージに添えられた写真を見ると、確かにそれは、私たちが頒布しているリーフレットだった。

「この村にはきっと、投降を希望する兵士がいたんだろう。彼がこれを大切に持っていてくれたのかな？」

私がこう返信すると、

「小屋に置いてあっただけだから、投降を希望する兵士がいたのかどうかまではわからない。ただおそらく、誰かがこのリーフレットを見て、そして何かを考えていたのだろう」

とのことだった。

その後、ソマリア政府軍は、２００７年からソマリア政府とソマリア政府軍を現場レベルで支援している「アフリカ連合ソマリア移行ミッション（ＡＴＭＩＳ）」などからの後方支援を受けながら、ドゥサマレブからエル・ブールへと続く村々であるレビドゥーレとエルラへレイも奪還した。そこでも、多数のアル・シャバーブの戦闘員が死亡した。もちろん、政府軍側にも死者が出ている。

私たちはこの軍事作戦の中で、1名の投降者を迎え入れることができた。投降したいと思っていた人は、もっとたくさんいたのかもしれない。ただ、戦闘となると、どうしようもない。戦闘の前後には投降者が増えたりするのだが、これほどの大掛かりな軍事作戦ともなれば、投降を希望していた者でも、そんな余裕はなくなってしまう。実際、エル・ブールとハラデレ付近で投降をするべく私たちを待ってくれていた合計19人の若者たちは、全員音信不通になってしまった。その多くは、アル・シャバーブによって、他方面の戦線に連れていかれたようである。

アル・シャバーブがソマリアの多くの領域を実効支配している以上、その勢力を削減することは、ソマリアで繰り広げられている紛争を解決するためにも、また、暴力的過激主義を撲滅するためにも、不可欠であることは間違いない。しかし、こうした取り組みを続ける中で、投降を実現することに失敗したとき、私たちが複雑な心境に陥ることもまた、事実である。

たとえば、ある10名の兵士を投降させることについては破綻してしまったが、別の10名の投降を引き出せたのならば、それでいいじゃないか、ということには、決してならないのだ。一人ひとりが、それぞれいろいろな物事を背負いながら生きている、かけがえのない、全く別個の人間たちだ。ましてや、命を懸けてでも暴力から抜け出したいと、文字どおり必死になって私たちにSOSを送ってくれた若者たちである。その多くが、子どもの頃に軍事訓練を受けさせられ、紛争の前線で苦しい思いをしながら生きてきて、今ようやく若者世代となった人たちなのだ。残酷なことではあるが、彼らのうちの何人かは、間違いなく戦死することになる。そのとき、彼らはどんな思いがするだろうか。さぞや無念なことだろうと、今さらながらに考えてしまう。

こうした、常に死と隣り合わせの現場だからこそ、前線で実際に活動している人々や政府軍部隊と良好な関係を構築したり、連携を強化したりすることが、非常に重要な要素になってくる。ソマリア国内外の評論家たちは、時に、アル・シャバーブの支配領域に攻め込むことができない政府軍のことを非難するが、政府軍は前線で、本当に命を懸けた仕事をしている。だからこそ、ここで重要なことは、何より相手に対する敬意である。政治家や評論家たちが、SNSなどを使いながら安全なところで好き勝手なことを言っているだけでは、相手に対する敬意のかけらもないばかりか、とてもではないが、死と隣り合わせの危険な場所にいる人たちを動かすことはできない。

それゆえ私も、もちろんプロとして紛争地でのリスクコントロールをしたうえで、できる限り紛争の前線で活動している軍の部隊に会いに行き、そして実際に話し合うようにしている。そうすることで、お互いに信頼の情が芽生えることもあるのだ。こうした感覚は、なかなか言葉だけでは伝わらないかもしれないが、いつ死ぬかもしれないという命の危険が差し迫った場所にこそ、確かに存在している。

紛争の最前線へ

　ガルムドゥグ州では、州都ドゥサマレブの数キロ先からはもう、アル・シャバーブとの交戦エリアとなっている。また、さらに30キロも進めば、もう十分にアル・シャバーブが実効支配するエリアだ。ここでは、少し離れた場所への移動にはヘリが使われるが、そう遠くなければ、やはりこのあたりを熟知した政府軍のドライバーが運転する防弾車が使われる。時速130キロほども出ているのではないかというくらいの猛スピードで、赤茶けた大地をまっすぐ爆走する。

　このガルムドゥグ州には、ガルガドゥードとムドゥクという二つの地域があるが、ガルガドゥードは「赤い肌」という意味で、それは赤い土を表している。もちろん舗装されていないどころか、ぼこぼこのオフロードも走行するが、そこでも彼らは、スピードはなるべく落とさないようにしている。紛争地に限らず、多くの開発途上国での外国人の主な死因の一つは交通事故であることから、こちらは気が気ではない。とはいえ、攻撃されるリスクを考えれば、ゆっくりと走ることもできない、というわけである。車窓から外を覗《のぞ》くと、ラクダがのんびり歩いているのが見えたり、巨大なアリ塚が多数見えたりする。まだ、私は見たことがないが、雨季には大きなアリクイも見ることができるらしい。

植物は、気候のせいかあまり大きなものは生えておらず、もっぱら鋭利な棘《とげ》を持つアカシア科の植物が多い。ラクダはそれを喜んで食べるらしいが、人間にとっては、なかなか厳しい環境であると感じる。

実際、ソマリアでは定期的に大干ばつが猛威を振るっており、時には「飢饉《ききん》」が宣言されるほどの壊滅的な状況にもなる。とにかく一年中雨に恵まれず、雨季になっても、まともに雨が降らないのだ。ソマリアでは、これまで何度か飢饉が宣言される極めて深刻な事態に陥っているが、毎回深刻な大干ばつが、そのトリガーとなっている。そして現在も、まさにそうした危機のさなかにある。

ドゥサマレブ周辺には、現在27の国内避難民用のキャンプが設置されており、私たちもこの地で緊急支援をおこなっている。しかし、とにかく水がないほか、ロシアによるウクライナ侵攻の影響などによる食料価格などの深刻な高騰を受けて、特に膨大な数の遊牧民の人々が食料を確保できないという状況が広がってしまった。そして、それらのキャンプで私が働いていて気がついたことは、アル・シャバーブから逃げてきた人々も、そこには多数いたということだ。

「ラクダやヤギなどの家畜を、我々に寄付しろ」

「お前の息子二人を、アル・シャバーブに兵士として差し出せ」

「我々に歯向かうのならば、お前たちの家に火を放つ。必要があれば逮捕し、そして処刑する」

彼らはアル・シャバーブから、このように脅迫を受けてきた。

こうした脅迫を、アル・シャバーブの支配領域下でか弱き人々が受けることは、悲しいかな、全く珍しいことではない。しかし、たとえ彼らの支配領域の外であったとしても、飢饉が迫る大干ばつの状況において、最も脆弱《ぜいじゃく》な人々に対し、容赦なくこうした脅迫が突きつけられているのである。

また、こうした危険な場所だからこそ、移動手段の確保も、そう簡単にはいかない。私たちが乗るのは、防弾加工された四輪駆動のピックアップトラックで、トヨタかフォードのものが圧倒的に多い。防弾のレベルにも、高いものから低いものまでいろいろあるのだが、最低でも世界で最も使用されているアサルトライフルである「AK-47シリーズ」による攻撃を防ぐことができる「B6」というレベルが必要であり、場所によってはその一つ上の「B7」レベルの車両を使用することもある。「B7」レベルであれば徹甲弾まで防げるほか、爆発などへの防御力もさらに高くなる。そして、防弾車の後ろの荷台には、セキュリティの護衛が6人ほど配置される。また、防弾車の前にはリード役の武装車が付き、場合によっては、後ろにも別の武装車が付く。どちらの車両にも、もちろん荷台には複数の護衛が座り、そのうえで、「キャリバー50」という大きな三脚を備えた重機関銃が装備されていることが多い。

なお、大臣や国連関係者などが移動する場合には、まさに大名行列のように、多数の車が連なることになる。数が多いことは、良いことのようにも思えるが、攻撃する相手側からすれば、標的が大きくて明確になるため、かえって攻撃を受けやすくなるという一面もあり、その賛否が分かれている。

余談になるが、こうした「B6」や「B7」レベルの防弾車であっても、それ以上に強力な武器や爆

ブローニングM2重機関銃（通称、キャリバー50）を載せた武装車。紛争地ではこうした車両で車列を組み、前線へと移動する。

弾に対する完全な防御は難しいのが現状だ。それでも防弾車の場合には、たとえ爆弾が直撃したとしても、搭乗していた者の生存率は、普通の車に比べると、ずっと高いものとなっている。

一方、紛争の現場において護衛を付けたり、自身が武装したりすることで、逆に攻撃されるリスクが増えるという見方もある。こうした議論は、食料支援や難民保護、医療支援といった人道支援の場では、安全保障化（安全のために、護衛を付けたり、軍の力を借りるなどして武装すること）の議論として、昔から存在している。人道支援の活動をおこなうにあたって、武装面を強化することには、メリットよりもデメリットの方が多いという考え方である。

わかりやすく例を挙げると、紛争地において、「国境なき医師団」や「国際赤十字委員会」が、移動の際にあえて防弾車を使わなかったり、護衛を付けなかったりしたことだろう。また、軍などとはしっかりと距離を置くということも重要とされている。こうした組織は、どうしようもない事態に直面した場合には躊躇《ちゅうちょ》なく撤退を選ぶというスタンスを取っており、実際に「国境なき医師団」は危険を理由にして、2013年に活動を停止してソマリアから撤退したこともある。それでも、紛争地でこうした人道支援に対する無視できないほどのニーズがある場合には、その数は多くはないものの、やはり例外は生まれることになる。たとえば、結局のところ、「国境なき医師団」もソマリアで活動する際には、護衛を付けることになり、「国際赤十字委員会」も同様の措置を取ることになった。

ましてや私たちの仕事は、もちろん紛争地で現地にいる人々に対して人道支援をおこなうという側面や、彼らの人権を守るという側面を多分に持つが、それよりも、危険と隣り合わせの中、より直接的に紛争に向き合うという一面も持ち合わせている。中立的な立場ではあるが、紛争の解決に向けて政府軍と連携するなど、軍事的な領域にも極めて近いといえるし、現地政府と連携するという意味では、政治的な側面も強いといえる。こうした私たちの姿勢は、政治的・軍事的な中立を保っている場合よりも、より多くのリスクに直面する。それゆえに、武装面を強化することについての葛藤もあるし、そして何より、費用が途方もなくかかるが、私たちは防弾車を使用したり、護衛を付けたりするなど、しっかりと防御力を高めたうえで、現場で行動することを意識している。

最前線の兵士たち

さて、私たちが連携する軍の拠点に到着すると、ソマリア政府軍の中でも精鋭部隊である「ダナブ（稲妻）部隊」の兵士たちが、その他のソマリア政府軍兵士たちと共に、私たちを迎えてくれた。ダナブ部隊は、アメリカによる軍事訓練を修了した兵士たちから構成されており、実際、多くの特殊作戦にも携わる精鋭たちだ。

「ダナブ部隊の基地へようこそ、ミスター・ヨスケ」

このエリアの司令官が、部隊をしっかりと整列させたうえで、私たちを迎えてくれる。この司令官は非常に優秀な人で、年齢はまだ比較的若いが、それでも威厳あるバッジを胸に着け、指揮棒のような長い杖《つえ》をいつも持っており、その周りには、副司令官やそのお付きの兵士たちが従っている。

彼らと会うことには、大きく二つの理由がある。一つ目は、アル・シャバーブからの自発的な投降を実現するために軍などと協力して様々な取り組みをおこなう「投降促進オペレーション」を進めるにあたって、その連携を図るためだ。これは極めて具体的な話である。たとえば、最前線において部隊がオペレーションをおこなう中で、現地にいる人々に対してリーフレットを頒布することや、投降

ソマリア政府軍の精鋭部隊であるダナブ部隊。ほかにも、トルコによる軍事訓練を修了した特殊部隊である「ゴルゴル（鷹《たか》）部隊」もいる。私たちはこうした部隊と定期的にミーティングをおこなっており、「投降ホットライン」を普及させるための施策をはじめ、投降兵の迎え入れについても、緊密に連携している。

希望者が出た場合に、どの基地からどれだけの部隊が現場に向かって彼らを迎え入れるか、ということについて、常々議論をしながら調整し、合意を得るのである。最初は、最前線で軍事作戦に携わる彼らからすれば、「何で俺たちがそんなことをしなければならないんだ」という反応であったが、それこそ粘りに粘り、ついには彼らの協力を取り付けることができた。

二つ目の理由は、あえて自らが危険な場所へと赴き、私たちの姿を実際に彼らに見せることが重要であると考えているからだ。安全な場所から評論することは誰にでもできるが、文字どおり命を懸けて日々を過ごしている軍の関係者からすると、特にこうした危険でセンシティブな取り組みをおこなうにあたっては、安全な場所から誰かが何かを主張するだけでは、「それでは、お前らには何ができるんだ?」という反発心を持たれてしまいがちである。軍隊である以上、究極的には上官が「やれ」と言えば、私たちの望む活動もやるのだろう。しかし、実際に彼らに会うことなく、私たちが安全な場所からあれこれ言うだけでは、決して彼らのモチベーションは上がらないだろうし、それこそ、オペレーションの質の低下にもつながりかねない。だからこそ、私は自分自身がしっかりと彼らに会いに行き、直接話し、互いに信頼し合える関係を築いていくように努めている。

インターネットが発達した今日では、話し合いや打ち合わせなどは、オンラインでも十分できるじゃないかと思われるかもしれないが、実際に相手がいる場所へ行き、彼らと直《じか》に会うからこそ、お互いに対するさらに深い信頼が生まれるのだと、私には断言できる。このような難しい課題に立ち向かうオペレーションにおいては、何度もこちらから足を運んで相手と直接会うことが、何にも増して有益なのである。通常であれば、外国人などほとんど来ないこうした紛争地の前線付近のことであれば、なおさらだ。

さて、部隊の基地で司令官レベルの人と私たちとの打ち合わせが終わると、決まって次には部隊全体に対して、私が彼らに対する思いを伝える機会をいただく。

「皆さんの命を懸けた日々の業務に対して、心から感謝の気持ちを述べます。本当にありがとうございます。あなた方に対して、私たちは最大限の敬意を表します。そして、暴力的過激主義組織にいる若者たちが武器を置き、戦闘の中ではなく平穏の中で生きていくことができるように、どうか協力をしてください。彼らが武器を置くことができる場を創ることこそが、テロリズムとの闘いの鍵になるのだと、私は信じています」

私のささやかなスピーチが終わると、兵士たちは一斉に立ち上がる。そして、司令官が私のスピーチに対する補足として、いろいろと部隊全体に対して喋《しゃべ》ってくれる。そのあとは、時間がある場合には、全員で記念写真の撮影となる。それが終わると、そこからはしばし、自由歓談の時間となり、皆、私に対して、「いっしょに写真を撮ろう」だとか、「俺の写真を撮ってくれ」などと、ようやくワイワイした雰囲気になる。ここにいる人のうち、どこかで誰かが死んでしまう可能性は非常に高いからこそ、彼らが確かに生きていたことの証《あかし》となる大切な写真たちである。また、彼らのほとんどにとっては、私は初めての日本人の友人であり、アジア人の友人だ。そんな私は、彼らに対しても自分自身に対しても、決して恥じることのないよう、頑張らなければならないと、素直に思う。

難しい仕事であることは、全員が知っている。そのうえで、自分自身がどのようにそれと向き合うのかが重要なのだ。私たちはやる。私たちが連携する根底には、途方もない犠牲者を出してきたこの紛争を終わらせるという共通した熱き決意がある。それを誇りに感じずにはいられない。

投降兵リハビリテーション施設

私たちはこれまで、550名を超える若者たちを、テロ組織からの投降へと導いてきた。そもそもなぜ、私たちがテロ組織から若者たちを投降させるという取り組みを続けているのかというと、テロ組織が絡んでいる武力紛争を解決するためには、それが何より重要だからだ。紛争解決という分野では、今日、いくつかのアプローチ手法が確立されている。

たとえば、政府軍とこれに対抗する由緒正しき反政府軍勢力による内戦を解決するために、対話を通じて、時には第三者を交えつつ、和平プロセスを組み、和平合意を締結して紛争を終わらせると共に、その合意を軸にした武装解除の取り組みから始まる紛争後の平和構築を進めるというようなアプローチ手法である。

しかし、イスラーム国（ＩＳＩＬ）やアル・カイダを筆頭とする、そもそも対話などできない現代的なテロ組織が絡む武力紛争をいかに解決していくかという課題に対しては、いまだその答えがないというのが現状である。さらに言えば、対話などできないからこそ、彼らとの和平合意がなされたこともない。また、こうした武装組織は、グローバルな側面も持っており、極めて多角的かつ多層的なアプローチを同時におこなうことが必要となる。それゆえに、私たちの仕事だけでテロや難しい紛争が解決するということはないのだが、極めてニーズが高いものである。だが、そうであるにもかかわらず、多くの人たちがやりたがらない、やることができない仕事の一つであると言うことはできる。だからこそ、私たちがそれをやろうというわけだ。

テロ組織から投降した人々が、その後どうなっていくかということについては、国によって様々だ。特にこうしたテロ組織が絡む紛争がある国は、多くの場合、脆弱な国であることに加えて、投降兵に関する情報は極めてセンシティブということもあって、なかなかオープンにはされていないことも多い。だが、たとえばソマリアの場合は、投降兵は情報機関の取り調べにより低リスク、中リスク、高リスクの3カテゴリに分けられ、低リスクと中リスクの投降兵は軍事法廷に送られることなく、基本的には投降兵リハビリテーション施設に送られる。また、自発的な投降に関しては、特別な恩赦を与えるということが大統領によってなされており、厳格な法的枠組みはまだ脆弱ではあるが、一応そのようにおおむね機能している。

さて、投降兵を受け入れる投降兵リハビリテーション施設は、ソマリアには現状で四つあり、首都モガディシュのほか、ガルムドゥグ州のドゥサマレブ、南西ソマリア州のバイドア、ジュバランド州のキスマヨに設置されている。

私たちはこのうち、ドゥサマレブにある施設の管理と運営を、ソマリア中央政府とガルムドゥグ州政府との協力の下でおこなっている。投降した人々は、10〜12か月ほどの比較的長期にわたってここで生活をする。また、彼らは常にテロ組織から狙われていることから、十分な安全対策を施す必要もあり、その管理・運営には多くのコストがかかる。ところが、こうした活動に対して資金援助をする先進諸国の政府も限られているうえ、そもそも、誰もがあまり関わりたがらない分野だからこそ、もともとはモガディシュ、バイドア、キスマヨの三つにしか、投降兵を受け入れる施設は存在していなかった。

しかし、アル・シャバーブの二大拠点の一つがある中部ソマリアで投降した人々を、その三つの施設のうちのどこかへと移送しようとすると、そこは自分たちとは異なる氏族が住む場所であることを理由に、投降兵が難色を示すケースが多発していた。もともと、氏族という血縁集団の中で生活とコミュニティが成り立ってきたソマリアでは、自分たちとは異なる氏族が住む場所に行くということには、大きな心理的ハードルを感じる人が多いのだ。心理的に抵抗を感じるだけでなく、いざというときに自分と同じ氏族の助けを得るためにも、自分自身の故郷や、普段から生活している場所、同じ氏族が集まる場所に自分がいるかどうかということは、彼らにとって、非常に重要なことなのである。

そこで、私たちは、中央政府と州政府を筆頭とする多くの人々と1年以上にわたるタフな交渉を重ねた結果、小型で融通が利き、さらには、同じ氏族が住む場所ゆえに彼らが前向きに入所できる施設を、ドゥサマレブに構えることになったのだ。30キロ先はアル・シャバーブの支配領域という、戦略的にも極めて重要な場所に、投降兵を受け入れることができる拠点を持っているということは、手前味噌《みそ》ではあるが、とても大きな価値がある。

さて、私たちが管理・運営するドゥサマレブの施設では、現状で、投降兵が30人まで暮らすことができる。小ぶりの施設ではあるが、30人分の寝室に加えて、キッチンと食堂、管理オフィス、そして教室用のスペースと職業訓練用のスペース、さらには、フットサルができるスペースや、野菜を育てるための簡単な畑などがある。もちろん、トイレとシャワーもあるし、私の強い希望により、2匹の野良猫が住み着いてくれてもいる。両方ともオスで、名前はポーラとサスケだ。

また、私たちが管理・運営する施設は、こうした施設にはよく使われるような、単に「リハビリテーション施設」といった名称にするのではなく、「多機能型受け入れ施設」という名称にすることにした。というのも、この施設では、投降兵たちに対して様々なプログラムを実施するというだけではなく、時には一般社会の人々を呼んで、お互いに理解を深め合ったり、職業訓練のプログラムに一般社会の若者たちも参加できるようにするなど、既存の形にとらわれず、紛争地の現場で日々刻々と動く状況の変化に対応できるよう、柔軟性を持たせたかったからだ。この、比較的小型で融通が利く多機能型受け入れ施設を、他の前線近くにもさらに展開していくことが、私たちの目標だ。

ここでは、私たちは、投降兵たちを「矯正する」というよりも、彼らが一人の若者として、社会の中へと前向きな気持ちで戻っていくことを目指している。この取り組みについて、私たちは「RPAモデル」という独自のモデルを構築している。簡単に言うならば、彼らを否定するのではなくて、各々《おのおの》が大切にすることを共に考え、その実現に向けて共に頑張っていこうというような考え方である。

ここで重要なことは、若者であれば、ただそれだけで社会を良くする主体者となれる可能性があるということを、しっかりと彼らに対して伝えていくことだ。テロ組織にいた若者たちを、本当の意味での「若者」として生まれ変わらせて、社会を良くしていく主体者へと導くこのアプローチは、まさに私たちがゼロから創り上げた日本生まれのアプローチだ。

ここでは、時間がゆっくりと流れている。心地良い風がいつも吹いており、いつの間にか大きく成長した草木が、さわさわとなびいている。その下に椅子を持ってきて、命からがら投降を決意した若者たちが、みんなでのんびりと談笑している。確かに日差しは厳しいが、気候はカラッとしているため、木陰に入るとなんとも心地よい。野菜畑のようなスペースもいくつかあり、そこではスイカやトマト、パパイヤなどの食用の草木が育てられている。入口の門の方に目を向けると、この施設を守る護衛たちの一人が、投降兵数名といっしょになってサッカーボールを蹴り合っている。

「ヨスケ、スイカがもうこんなに大きくなったぞ!」

赤い服がお気に入りの投降兵のアサドが、小玉スイカほどになったスイカを触りながら、ニコニコ話してくれる。

「日本にもスイカはあるけど、高いんだよ。20ドルとか30ドルくらいはするぜ」

「ここではスイカが1ドルなのを、ヨスケも知っているよな? さあ、ビジネスの話を今すぐしようじゃないか(笑)」

「みんなそう言うけど、日本への輸送の問題とかもあるし、ビジネスなんて、絶対簡単にはいかないよ（笑）」

アサドは、このセンターにとって記念すべき第1号の入居者だ。なんとも童顔で優しい顔立ちをした25歳の青年である。彼は、もともと住んでいた故郷がテロ組織の支配下にあったことから、13歳の頃に強制的にテロ組織の軍事キャンプへと連れていかれ、そこから約12年もの間、紛争の前線で戦闘員として働かされた。彼は、長らく戦闘員など辞めたいと思っていたがそのチャンスがなく、親族がかなりの協力をしてくれた結果、ようやく投降が実現できたケースだ。彼が投降した際には、情報機関による取り調べが長引いてしまい、しばらくの間、軍の拘置所に収容されていたため、私が迎えに行ったときは心底びくびくしており、ただただ無口だったことを、今でもよく覚えている。私と目を合わせてさえくれなかった。この施設に来た後も、最初の頃はかなり物静かであったが、今では見違えるほど明るい青年になり、私自身がほっとしている。

ここでは、カウンセリングや基礎教育、イスラーム教再教育ゼミ、大工の職業訓練などのプログラムが週5回実施されており、日中は皆、プログラムの予定がぎっしりと詰まっている。そんな中、自由時間にはサッカーをしたり、のんびり過ごしたり、スイカ畑をいじったり、各々気ままに過ごす。ここで暮らす多くの若者たちは、子どもの頃から兵士として生きてきたということもあり、ほとんど教育らしい教育は受けていない。だからこそ、ここで教育を受ける喜びを噛《か》みしめるように、皆夢中になってプログラムに参加しているのだろう。教室スペースにある机は、職業訓練で自分たちが実際

投降兵リハビリテーション施設でおこなわれるプログラムは様々あるが、自らの人生を取り戻すかのように、皆、とにかく真剣に取り組んでいる。

職業訓練プログラムでは、主にこのような木工製品を製作する。施設内のテーブルやベッドフレームも、投降兵たちが作ったものだ。

に製作したものということもあって、各人がそれぞれ、自分の机に対して愛着を持っているようだ。自分の名前を机に落書きしている若者もいる。

名前の落書きというと、そもそも彼らの多くが、最初は自分の名前を書くことさえできなかった。子どもの頃に叩《たた》き込まれたことといえば、暴力的過激主義だ。その教えは、現在、世界は自分たちにとっては敵である非イスラーム教徒によって支配されていて、イスラーム教の兄弟姉妹たちは、大いに苦しんでいる。そして、西欧諸国や彼らと連携する政府や人は、あまねく自分たちの敵であって、そうした敵を殺すという「ジハード（聖戦）」は、自分たちに課せられた大いなる義務であり、それを実行することで、死んだ後には天国に行ける、などといった内容のものである。彼らはこうした教えを、小さい頃から半ば無理矢理叩き込まれてきたのだ。

イスラーム教の聖典コーランにしても、そうした思想の下で、過激な解釈がなされたうえで、教えられてきた。また、実務的な面で言えば、武器の分解の仕方や組み立て方、そしてその使い方、爆弾の製造方法、敵に捕まったときの逃げ方などについて、徹底的に叩き込まれてきた若者たちである。

それゆえに、読み書きから始まる基礎教育において、自分の名前を自らの手で書くことができるようになったときの彼らの喜びは、ひとしおだ。そんな彼らの姿を見ていると、私には、彼らが本当の自分を取り戻したように映る。アル・シャバーブから与えられたニックネームを捨て、自らの名を取り戻す。その喜びがどれほど大きなものなのかは、彼らにしかわからないだろう。

投降兵たちの想い

アサドには、ボロとアハメドという仲良しの友達がいる。ボロは現在20歳であるが、15歳のときに兵士にさせられ、ドゥサマレブから16キロしか離れていない場所に配置された。そのときおこなわれた3か月に及ぶ軍事訓練には130名の若者たちが参加しており、皆、自分と同世代だったと、彼は言う。紛争の前線では、屋外で隠れるようにして生活しながら、政府軍などに奇襲攻撃を仕掛けたり、道路脇に即席の爆発装置を設置したりしていた。このときのチームは彼を含めた6人で、そのうちの3名が、すでに戦闘で死亡してしまったという。戦闘の際、恐怖で身がすくむときには、アル・シャバーブからドラッグを渡され、それを飲むと、恐怖や痛みを感じずに戦うことができたそうだ。親族など近しい人たちとのつながりも強制的に断たれて、将来に希望を見出すこともできない途方もない闇の中で、15歳からの5年間を生きてきたのだ。

道端に落ちていたリーフレットを読むことで、私たちが展開している投降プログラムについて知ったことがきっかけとなり、投降を決意した彼は、夜中にアル・シャバーブの元から脱出し、投降をするために、ただひたすら走り続けた。ドゥサマレブ郊外までの16キロにおよぶ道のりを、アル・シャバーブに見つからないようにしながら、私たちの元まで、必死に走り続けてきたのだ。彼はとにかく優しい人で、話し方も穏やかで、いつもニコニコしている。写真も好きで、私がいるときにはよく、いっしょに写真を撮ろうと、声をかけてくれる。ボロとアサドは寝室が同じということもあり、いつも仲良しだ。

もう一人のアハメドは、もう40歳近くにもなる立派な大人だ。体が大きくて、面白いことばかり言っているような気さくな人で、私にとっては、「愉快なおじさん」のような人である。彼は失業していたときに、とある人に仕事を紹介すると言われて付いていったら、そこにはアル・シャバーブが待ち受けており、否応《いやおう》なく働かされることになったという過去を持つ。金を稼がなければならないと思っていたのにもかかわらず、半年間も無給でこき使われた挙げ句、最終的にはドラッグを密輸している人に頼み込んで、どうにか逃げてきたということを、ユーモアたっぷりに笑いながら話してくれる、そんなムードメーカーでもある。

この3人は、TikTokで奇妙なダンスを踊る姿を配信したり、自分たちが住んでいた地方の方言について議論し合う様子を配信したりしていて、ここでの日々を平和で穏やかに過ごしている。なんといっても私のお気に入りは、ボロがサッカーのユニフォームを着て、ボールに足を乗せながら謎の歌を熱唱するという動画だ。

「君は僕のすべてさ♪　僕はいつも君のことだけを考えている〜♪」

ソマリ語（ソマリアの言語）のラブソングを、心を込めて熱唱しているというのもポイントが高いが、アル・シャバーブが禁止しているサッカーを、堂々と前面に打ち出しているという点にも、実は大きな意味がある。この施設にいる多くの人々は、そもそもサッカーをやったことがない。ボロやアサドもそうで、ここに来てから、試しにボールを思いっきり蹴っ飛ばしてみて、その楽しさに気がつき、今では午後になるといつも、時には護衛も含めて、みんなでいっしょになって遊んでいる。私は以前、バスケットボールをやっていたということもあり、サッカーよりもバスケの方が得意なうえに好きでもあるのだが、この地ではもっぱら、みんなに交じってサッカーをしている。

食事についても、私は3食すべて、ここでみんなといっしょに食べる。朝食には、アンジェラというう少し酸味があるホットケーキのようなものを、スープにつけながら食べることが多い。スープには、小さな丸っこいレモンが多数添えられており、みんなでそれを絞りながら、食べていく。

昼食には、いろいろなバリエーションがあるが、やはり人気メニューなのは、ラクダ肉のミートソーススパゲティだろう。ソマリアはもともと、イタリアに一部の地域を植民地にされていたという過去があり、その名残もあって、今でもスパゲティを食べるという文化がある。そして、スパゲティや米といった主食には、バナナが欠かせない。バナナをちぎりながら、大きな皿をみんなで囲み、器用に手を使いながら、いっしょになって頬張るのだ。

「おい、この肉やるよ」

「このバナナはヨスケのだからね」

そう言いながら、みんなひょいひょい大皿の上の私のスペースに、料理を置いてくれる。最初の頃は、わざわざ私のために、みんなが小皿とフォークを用意してくれたことがあった。しかし私は、ご飯を食べるときには、みんなと同じようにして食べるという流儀を大切にしているため、最近ではもう、彼らも私だけを特別に気に掛けることもなくなった。

「なあ、フォークなんかで食べるよりも、手で食べた方が美味《おい》しいんだぞ」

「いやあ、それはどうかなあ（笑）」

こんなふうに、ワイワイ談笑しながら、食事が進む。

ちなみに夕食には、アンブロという豆を食べるのが主流だ。これは、小豆《あずき》のような豆で、この施設にもアンブロの木が数本生えているほど、ソマリアでは身近な食べ物である。タンパク質が豊富で、筋力トレーニングの際には、このアンブロをたくさん食べると効果が上がるともいう。アンブロをしっかりと煮込んで柔らかくしてから、その上にお好みに合わせた量の砂糖をかけて食べる。思えばアンブロは、みんななぜか手ではなく、スプーンで食べることが多い。餡子《あんこ》を薄くしたような味がすることから、私は決まって、日本には餡子というものがあるのだという話をする。

私たちのスタンスとして、カウンセリングにおいても、あまり彼らの過去については触れないようにしている。もちろん、彼らが最初に取り調べを受けたときの記録を見ているので、ある程度の情報はすでに得ているし、また、カウンセリングの際に、必要最低限の話題として、彼らの過去に触れることが、避けては通れないときもある。さらには、彼らのトラウマをケアするための方針を策定するうえでも、ある程度は追加で聞き取りをする必要に迫られることもある。しかし、そこで無理に追加の情報を得ようと深追いしたりはしない。彼らが喋りたくないことについては、あまり詮索しないようにしているし、無理に聞き出そうともしないのだ。

彼らは、特に自分がこれまでおこなってきた行為に関しては、時には嘘《うそ》をつくこともあるが、たとえそれがわかったとしても、すぐさま追及するようなことも決してしない。私たちは、刑務官でもなければ、裁判官でもないのだ。ただ、彼らと同じ人間として、若者として、彼らと友人となり、彼らが若者としての新たな人生を築いていくことができるようにすることが私たちのミッションであり、そのことを見失わないように、常々意識している。

彼ら一人ひとりと豊かな関係性を築く中で、少しずつではあっても、共に何か大切なものを見出すことができるようになっていくことこそが、最も重要なことなのだと私は思う。月日が経ってから、初めて話せるようになることもある。自分なりに、過去のわだかまりを整理できるタイミングになって、初めて言葉にできることもあるだろう。だから私たちは、ひとまず彼らに寄り添う者として、ただそこに存在する。

もちろん、時には個別の支援計画を作成するための専門的なカウンセリングもおこなうが、自分たちのことを、心理カウンセラーとも思ってはいない。それよりも、彼らにとっての私たちは、もっとシンプルで、飾り気のない存在でありたいと、ここにいていつも思う。そのために私は、まじめな話よりも、むしろ冗談や面白いことばかり、彼らに言うようにしているほどだ。そうして何より、まずは彼らと良い人間関係を構築したいのだ。

こうした私たちの姿勢は、イスラーム教を再教育するプログラムにも反映されている。一般的に、いわゆるテロリストを脱過激化へと導くという場合には、その手段として、宗教の再教育が中心に据えられることが多いが、それはしばしば、一方的な講義形式のものになりやすい。特にセンシティブなトピック、たとえば、「聖戦」や「イスラーム法」、「異教徒の権利」などについては、再教育を受ける対象者側としても、いろいろと持論があるうえに、一般的な解釈に対する強い反論を持っていたりする。一方的な講義形式のプログラムの中で、こうした彼らが抱えている内なる主義・主張がなおざりにされたままになると、むしろさらなる過激化を引き起こすことだってあるのだ。ゆえに私たちのプログラムは、ともすれば彼らの主義・主張が置き去りにされがちな講義形式にするのではなく、お互いに意見を述べ合うことができるゼミ形式にしている。

1回のプログラムでは、30分の講義を受けた後、40分のディスカッションをおこなうという形が多い。彼らに教える先生として、私たちと連携している地域に住む優秀なイマーム（イスラーム教の指導者）にお願いをしている。あくまでも講義では重要なポイントに絞りながら簡潔に説明し、それを受けて始まるディスカッションを通じて、みんなで議論をしながら、お互いの考えを深めていくのだ。こうした議論は、かなり白熱することも多く、私も異教徒の外国人として参加し、議論を盛り上げることもよくある。

カリキュラムの期間は基礎編6か月と応用編6か月と設定しており、この期間中、イスラーム教徒が礼拝することの意味や、「イスラーム」という名前の意味に始まり、「聖戦」、「罪と赦《ゆる》し」、「和解」、「他者との共生」などのトピックに至るまで、みんなで考えを深めていく。究極的には、何か知識を得るということよりも、何かの物事について、自らの力で考えることができるようになるということが、何より重要なのだ。そうした能力を獲得することこそが、暴力的過激主義に直面した際には、大きな抵抗力にもなりうるし、彼らが自らの手で、より良い未来を築いていくことにもつながる。

私がここにいるときは、時折みんなといっしょに寝ることもある。昼寝もすれば、施設に泊まることもある。最初に泊まりたいと言ったときは、現地政府の関係者や投降兵のみんなからたいへん驚かれた。というのも、この施設は外国人が泊まるような場所ではないと、彼らには思われていたからである。しかし、もちろんリスクコントロールをしっかりしたうえでのことではあるが、私は率先して、あえて彼らと同じ環境へと身を投じたいと思ったのだ。彼らが再生していくという大切な場所であるにもかかわらず、それを支えようとしている私が生活できない場所なのであれば、それはそもそも、もっとその質を高める必要があるとも言えるだろう。何より、たとえ外国人と現地人という違いはあっても、同じ人間として、その違いは全くない。また、修学旅行でもそうだが、ベッドでダラダラしながら、仲間といっしょに喋ったりするのは、理屈は抜きにして、何より楽しいものなのだ。

「ヨスケ。俺は早く、妻と子どもに会いたいぜ。みんな俺のことを待ってくれているんだ」

「奥さんと子どもは、今どこにいるの？」

「マタバンのあたりだな」

「なるほどね。今はアル・シャバーブの攻勢が激しいけれど、もともと良い町だと聞いたよ。ここを出たら、マタバンに戻るのかい？」

「ドゥサマレブでもマタバンでも、どこでもいいんだ。家族みんなで仲良く暮らすことができるならね。俺にとっては、それが第一なんだ」

「家族で仲が良いんだねえ。俺は家族と仲悪かったから、仲の良い家族っていうのがどんな感じなのか、あんまりイメージが湧かないけど（笑）」

「ヨスケ。何があっても、親は大切にしなければいけないよ（笑）」

「わかった、わかった（笑）」

ベッドが隣のモハメドとは、夜な夜な、こんな雑談をけらけらと笑いながら繰り広げる仲だ。「枕投げ」の文化がここにもあったなら、ぜひ彼ともやってみたいものだとさえ思う。

現在30歳近くになる彼は、18歳のときから兵士として各地の戦線に送られてきた。最後は、とある小隊のリーダーにも任命されていたしっかり者だが、今では家族といっしょに平和に暮らすことが、彼にとっての一番の夢となっている。

なお、私たちの施設では、毎月いくらかの現金を手当として支給しており、家族がいる人には家族手当として多少多く支給している。これを貯金する人もいれば、外にいる家族に送金する人もおり、彼らの新たな人生の構築に向けて大きな支えになっている。

巣立ちの時

ここまでこう書いてくると、何とものんびりした施設のように思われてしまいそうではあるが、実際問題として、この施設は今でも、アル・シャバーブからの攻撃のターゲットの一つとなっている。というのも、すでに述べたとおり、アル・シャバーブとしては、戦闘員が投降することを禁じており、投降者は裏切り者として、必ず処刑するとしているからだ。実際、投降が失敗して、本人だけではなく、手伝った人々も含めて、関係者全員が処刑されたことも、多々あった。ゆえに、アル・シャバーブからすれば、そんな「裏切り者」たちが集まっている場所などは、ぜひとも破壊してしまいたいはずなのだ。

幸いなことに、いまだこの施設がアル・シャバーブによる攻撃を受けたということはないが、施設を狙った車両自爆テロを直前で防いだということは、実は何回かあったことから、決して手放しで安心することはできない。それゆえに、施設自体の防御力も高めていかなくてはならない。防御力の高さは、その多くは施設のロケーションに依存するので、私たちは、州政府の施設が集まっている比較的セキュリティが高い場所の中にこの施設を置いている。また、境界にはヘスコ防壁という紛争地で多用される軍用の土嚢《どのう》が詰められているほか、見張り台と護衛のためのスペースも設置している。そしてもちろん、地域の軍や警察、州政府、治安機関などとも強力に連携をしながら、防御力を高めることができるよう、常に努力している。

また、投降兵たちが暮らす施設には、これまでスパイが送り込まれてくるケースもあった。ドゥサマレブにある私たちの施設では、まだこうしたことは起こっていない。しかし、首都モガディシュの施設において、とある対象者がプログラムを卒業した次の日に、お世話になった人たちへ御礼を言うため、いったん施設に戻ってきてから、様々な人と写真を撮っていたと思ったら、その次の日には、アル・シャバーブに戻っていってしまった、ということがあったのだ。施設に来る前におこなう投降兵を対象とした取り調べも、もちろん完璧なものではないし、また、難しい紛争の真っ只中にいて、誰もが余裕などない状態だからこそ、こうしたことが、やはり起きてしまうことになる。

さらには、投降兵本人にはその意思がなかったとしても、施設から巣立っていった後に、アル・シャバーブからの脅迫を受けて、組織に戻っていってしまうケースも、実際にはある。このプログラムに関係している国連機関の担当者の一人は、投降兵がアル・シャバーブに再び戻っていってしまったケースは報告されていないと言うが、事実として、多数存在していることは間違いない。現場の実務者にしても、さらには、彼らを指揮する立場にある人たちにしても、こうしたセンシティブな問題に直面した際には、本音と建前が交錯してしまうことだけは確かなようだ。

このような様々なリスクには、もちろん私たちも直面している。あの手この手でアル・シャバーブからの脅迫が届くということにはすでに触れた。脅迫を受けるだけならまだしも、私たちの現地スタッフのリーダーであるアブドラが2018年に自爆テロに直面した際には、ついにそのリスクが現実のものとなってしまったのだ。

アブドラがモガディシュ市内にある賑《にぎ》やかなカフェで打ち合わせをしていたところ、爆発物を詰めた車が突っ込んできて、自爆テロを起こした。この自爆テロによる死傷者が多数出る中で、彼の腹には爆弾の破片が突き刺さった。このとき、彼自身で自分の内臓が見えたほどの重傷を負ってしまったのだ。彼はその後、すぐに倒れてしまい、ひとまずソマリア内にある病院へと搬送されたが、そこからすぐに、トルコの病院へと搬送されることとなり、どうにか一命を取り留めることができた。今でも、この自爆テロによる負傷が原因で、彼のお腹はぼこぼことしているうえに、大きな傷跡がある。重いものを持ったり走ったりするのも、あまりしないようにと、医者からは言われているそうだ。そして何より、彼の親族全員から、「もうこんな仕事は辞めてくれ」と言われてもいる。

「アル・シャバーブが憎くてたまらない。しかしあいつらを倒すためには、テロ組織から投降を導き出すことと、投降兵に対してリハビリテーションを実施することしかないんだ。何より、神が俺を守ってくれた。これからもきっと、守ってくれると信じているよ」

彼とはもう長年の仲であるが、金の関係をはるかに超えた熱き情熱でつながっている。だから私も、そんな彼と共に「やってやろうぜ」と、それこそ腹の底から思うのだ。

もう一人、このドゥサマレブの施設のマネージャーを務めるアブディラハマンも、熱き心を持つ仲間として、我々にとっては欠かすことはできない存在だ。元々、彼はソマリア政府の治安機関でキャリアを積み、その後、地方の州政府で働いたのち、このプログラムに関わることになった。年齢も私とさほど変わらないくらいだが、非常に誠実で、ドゥサマレブの地に投降兵のための施設を設置することに関して、州政府と中央政府に対し、私と共に粘り強く交渉してくれた。ソマリアでは、何より政府関係者などから、賄賂を直接的にも間接的にも要求されることがあるが、そうした要求を受けた場合には、「それはハラーム（イスラーム教における禁止事項）だ」と言って、毅然《きぜん》としてこれを突っぱねるだけの気概を持っている。振り返ってみると、彼と共に、何度こうした理不尽な要求と戦ってきただろうかと、しみじみと思い出しては、感慨深くなってしまう。

また、アブディラハマンは、投降を希望する兵士から電話があった場合の、投降兵に対するその後のフォローアップにも大きく関わってくれている。時には、紛争の前線まで自ら出掛けていって、事前に投降を調整していた投降兵の受け入れを実際におこなってくれることもある。そんな使命感に燃えた彼ではあっても、時にはダレてしまうこともある。ただ、そんなことは誰だって同じだ。重要なのは、目的を達成することに対する信念や気概を、私たちがいつも共有しているかどうか、ということなのである。

そして、彼の両脇を固める形で、アシスタントを務めるキーンという女性と、国際ＮＧＯでの勤務経験が豊富な私たちの現地スタッフの一人であるアブディカフィという男性など、合計で15名ほどのスタッフがいる。アブディラハマンは彼らと共に、各種プログラムの先生や料理担当者、さらには連携している軍の関係者や警察関係者、現地政府などと連携しながら、日々の業務を進めている。

さて、投降兵がプログラムを修了して施設から巣立っていく際には、社会復帰に向けたきめ細やかな準備を進めていく。まずは身元引受人を最低二人確保し、彼らがどこに行って、誰と暮らし、そして、当面の間どうやって生きていくのかということを、しっかりと整えていく。

施設から出たからといって、何もいきなり働く必要もない。家族といっしょにしっかりと時間を取って、しばらく休むというのも、とても良い選択だ。大学入学を目指してみたいだとか、イスラーム教についてもっと勉強してみたいというように、学業に力を入れてみるのも良い。彼らの多くが、子どもの頃に兵士になり、今ようやく若者として社会に出ていく人々である。ゆえに、彼らにとって一番必要なことの一つは、彼らが信頼できる人々と、しばし穏やかな時間をいっしょに過ごすことなのだと思う。そこからゆっくりと、自らの夢に向かって動き出していけばいい。

投降兵が施設を出所する際には、修了書や政府からのレターなどの書類に加え、私たちがオリジナルで作った誓約書に、最後にサインをしてもらうようにしている。そしてそのサインと引き換えに、多少の現金と、いざという時のための緊急連絡先などが記された「社会復帰準備キット」を渡す。その誓約書には、次の五つのチェック項目がある。

1、連絡を取り合おう。困難に直面した時は一人で抱え込まないこと

2、人権と倫理の意識の下、戦いと武器ではなく、対話と協力を選ぼう
3、何か深刻なことを考える際は、一人ではなく共に考えよう
4、自信を持ち、胸を張って新たな人生を歩もう
5、ここで学んだすべてを活《い》かしていこう

この誓約書を、彼らと私たちとで共に確認し、お別れの挨拶をする。そして、卒業の記念として、最後に畑のスペースにレモンの木を植えるのだ。

とはいえ、ここから長期にわたるフォローアップが、彼らの一人ひとりに対して続けられていくことになるので、彼らと私たちとの関係が途絶えてしまうことはない。ただ、それでもこの瞬間は、彼らにとって、人生における一つの大切な区切りとなることは間違いない。彼らはここから、ようやく自身の本当の人生を取り戻していくことになるのだから。

施設の責任者であるアブディラハマンは、こうした私の考えや姿勢に対して深い理解を示し、そしてまた、同意してくれてもいる。だからこそ、彼らを最後に送り出すときにも、うまく私をリードしてくれる。

「ヨスケ、心配はいらない」

彼のこの口癖に、いつも私は助けられている。こうした「ヒーロー」たちと共に、私もまた、自分自身に対して胸を張りながら、この場所で自らの果たすべき任務を遂行している。

第2章◎紛争の最前線

最前線への移動

テロ組織からの投降を実現するための投降促進オペレーションでは、私たちはしばしば、紛争の最前線へと赴く。具体的には、アル・シャバーブの支配領域との境界にあたるような、町や村である。そこへと実際に足を運び、そこに住む氏族の長老やコミュニティのリーダーなどを相手に、投降プログラムに対する彼らの協力を取り付けるべく、交渉するのだ。また、私たちと連携する軍の部隊が投降兵の受け入れをおこなう際、何か問題が起きた場合には、私たちが軍の代わりに投降兵を引き取りに行くこともある。こうした投降促進オペレーションは、中部ソマリアに加えて、肥沃《ひよく》な農耕地帯がありアル・シャバーブが多くの支配領域を持っている南部ソマリアでもおこなわれており、私たちはその両方でのオペレーションに携わっている。

中部ソマリアにしても南部ソマリアにしても、紛争の最前線には、基本的に快適な国連機は飛んでくれないため、別の移動手段を取る必要が出てくる。国連機は、国連の関係者や、国連と連携して活動している組織に属する者などが使用できるもので、普通は小さめな旅客機であるが、たまにカーゴ機や、ヘリコプターのときもある。私はこれらに一とおり乗ったことがあるが、一番のお気に入りは、珍しいうえに機内が奇妙なカーゴ機だ。とはいえ、そもそも国連機はフライトスケジュールが決まっており、スケジュールにない日時や場所へのフライト、特に紛争の前線へと向かうフライトは、許可が下りにくいうえに、手続きに非常に手間がかかる。また、荷物の重量制限がかなり厳しいため、民間機の使用が許容されるルートであれば、荷物やスケジュールのことを考慮したうえで、あえて民間機を使う人も結構いるくらいだ。

こうした事情を踏まえて、政府軍サイドとしては、私たちに対して、近・中距離の移動であれば、装甲車や防弾車で車列を組み、陸路で行くことをよく提案してくるのだが、敵の攻撃を受けるリスクが最も高いのが、この陸路での移動である。というのも、たとえどの道を通ったとしても、アル・シャバーブの攻撃を受ける可能性はあるわけであり、特に紛争の最前線に向かうようなきわどいエリアでは非常に攻撃を受けやすい。

また、少し大きい町と町とを結ぶ道は、ソマリアでは基本的に一本道であることが圧倒的に多く、ここでは非常に狙われやすい。だだっ広い大地に、ただ一本まっすぐに続いていく道。アル・シャバーブの戦闘員たちは、そうした道に爆弾を設置したり、脇で待ち伏せして襲撃してきたりするのである。こうした形での攻撃は彼らの常套《じょうとう》手段の一つであり、ソマリアではもちろん、隣接するケニアのソマリア国境付近でも、これまで幾度となく繰り返されてきた。

ちなみにアル・シャバーブが車両を襲撃した後、乗客をイスラーム教徒か否かで分けて、異教徒であれば殺すということも起きている。それ故に、こうした場所での、特に外国人かつイスラーム教徒ではない実務者は、有事の際に特殊な対応をすることが必要にもなる。どうしても陸路を使わなければならない場合には、かなり念入りに準備をして臨むのだ。

移動手段としては、海路を使うという方法もある。たとえば、南部ソマリア州のローアーシャベレ県の前線にまで行こうとするならば、まず、首都モガディシュから船で県都のマルカまで行き、そこからさらに車列を組んで目的地まで進むこととなる。マルカは元来、戦略的に重要な港町であり、南部ソマリアでオペレーションをおこなうにあたっても、私たちは、特にマルカ市長との間に強力な連携を築いている。そういう意味では、紛争の最前線に行く途中に、海路を使ってマルカに立ち寄ることができるというのは、決して悪くはない。

今から10年ほど前は、ソマリアには海賊が多数おり、海路のルートで移動するリスクは非常に高かったが、国際社会の協力の下、哨戒機《しょうかいき》なども駆使した海賊対策活動のおかげで、近年では著しくその数を減らすことに成功した。もちろん水没事故のリスクなどはあるだろうが、アル・シャバーブによる海路への攻撃はあまりないことからも、リスクをコントロールするという観点からは、海路を使った移動は、意外にもさほど悪いものではない。私自身は、まだ海路による移動を試したことはないが、私たちの現地人職員たちが一度、前線でのミッションをおこなう際に使用したことがあったが、なかなか快適だったと言っていた。確かに、モガディシュから悪路を車で数時間かけて移動するよりも、爽快そうではある。とはいえ、不測の事態が起きた際の対応が難しいこともあって、海路を選択することはどうにも勇気がいる。

これらのことを踏まえたうえで、一番有力な候補となってくるのが、アフリカ諸国の連合軍である「アフリカ連合ソマリア移行ミッション（ＡＴＭＩＳ）」のヘリコプターを使用しての移動である。というのも、陸路での移動はリスクが高く、海路での移動は不確定要素が多いことを考慮すると、高い機動性を持って移動できるヘリコプターが、最前線への移動に最も適しているということが、その大きな理由である。

なお、ＡＴＭＩＳとは、２００７年に国連安全保障理事会からソマリアでの任務の権限を付与された「アフリカ連合」がソマリアへ派遣する部隊のことであり、アル・シャバーブとの戦いの中で、これまで極めて大きな役割を果たしてきた。ケニア、ウガンダ、エチオピア、ジブチなどのアフリカ諸国が主に兵士を派遣して、ソマリア政府軍を支援しつつ、ソマリアにおける紛争地の最前線で戦ってきた部隊だ。

「アフリカ連合」のミッションには様々なものがあるが、このソマリアでのミッションが、最も規模が大きく、期間も最長に及ぶものである。公表はされていないが、これまでこのミッションを遂行する中で、数千人もの死亡者を出しているとも言われており、非常に異例かつ、血にまみれたミッションでもある。

兵士を派遣しているアフリカ諸国における国内の世論としては、危険なソマリアからは即刻撤退すべきだとする声も大きい。こうした中、ＡＴＭＩＳがいよいよ撤退するかもしれないと囁《ささや》かれながらも、毎年のごとく国連安全保障理事会で派遣の延長が決まるので、いつ完全にソマリアから撤退するのかは、まだ誰にもわからないといった状況だ。しかし、アフリカ連合の部隊がソマリアからいなくなってしまったら、アル・シャバーブがソマリアを奪取してしまうのではないかと危惧《きぐ》する専門家は、非常に多い。それほどまでに、ソマリアにおいて、ＡＴＭＩＳが大きな役割を果たしているというのが、実情である。

最前線の町「ジャナーレ」

さて、ヘリコプターでの移動を選択した私たちは、ローアーシャベレ県にあるジャナーレという町へと向かう準備を始める。ここは、2020年にアル・シャバーブから政府軍とアフリカ連合軍が奪還した場所であり、近くのムバラクやオウディグレという町と共に、ローアーシャベレ県で繰り広げられている紛争の最前線付近に位置する、戦略的にも非常に重要な場所である。私たちがジャナーレに向かうのは、その市長と長老に会ったうえで、何としてでも、投降促進オペレーションへの協力を取り付ける必要があったからだ。

また、モガディシュの施設でリハビリテーションを終えて、現在はジャナーレで暮らしている2人の元投降兵がいることもあって、彼らとの再会も計画していた。社会に復帰した元投降兵に実際に会いに行くからこそ、私から彼らに伝えられることもある。さらに、私たちが受け入れている投降兵の一人がもともとジャナーレとムバラクあたりの戦線にいたことから、このエリアがどれほど重要な場所であるか、私はよく知っていた。

まず、私たちは首都モガディシュの拠点を出て、そこからＡＴＭＩＳの本部へと向かう。モガディシュの中のグリーンゾーン（絶対死守エリア）は、モガディシュ空港を取り巻くように存在するコンパウンドだ。これは「ＭＩＡコンパウンド」や「ＡＡＩＡコンパウンド」、「ハラネ」などと呼ばれるが、簡単に言うと、空港を強固な塀やゲートで取り囲んだ全長３キロほどにもなるセキュリティが強化されたエリアのことである。アメリカやＥＵ諸国などの各大使館をはじめ、国連関係機関、アフリカ連合や諸外国の軍事関係機関、また、私たちのような国際ＮＧＯ組織などが、このコンパウンドの中に拠点を設けている。

半ば軍事基地のような場所なので、セキュリティは高いが、それでもここに三つあるゲートのうちのどこか一つで自爆テロが起きたりもすれば、そこからロケットランチャーが撃ち込まれることも多々あり、安心はできない。また、このコンパウンドには攻撃部隊が侵入することが難しいからこそ、遠方から迫撃砲を打ち込まれることも、珍しくない。

ちなみに迫撃砲は、直撃した場合はもとより、着弾時の破片によってもダメージを受けるので、迫撃砲が打ち込まれたときには、すぐに伏せて破片をかわしながら状況を見定めつつ、バンカーと呼ばれる避難場所へ避難する。こうした対処法は、車両自爆テロによる爆発があった場合でも、基本的には同じだ。

なお、時にはコンパウンドのゲートを突破されて、コンパウンドの中で自爆テロや銃撃戦が起きることもあるので、そういう意味では、完全なグリーンゾーンというものは、ソマリア中部や南部には存在しない。

■ソマリア・ジャナーレ周辺位置図

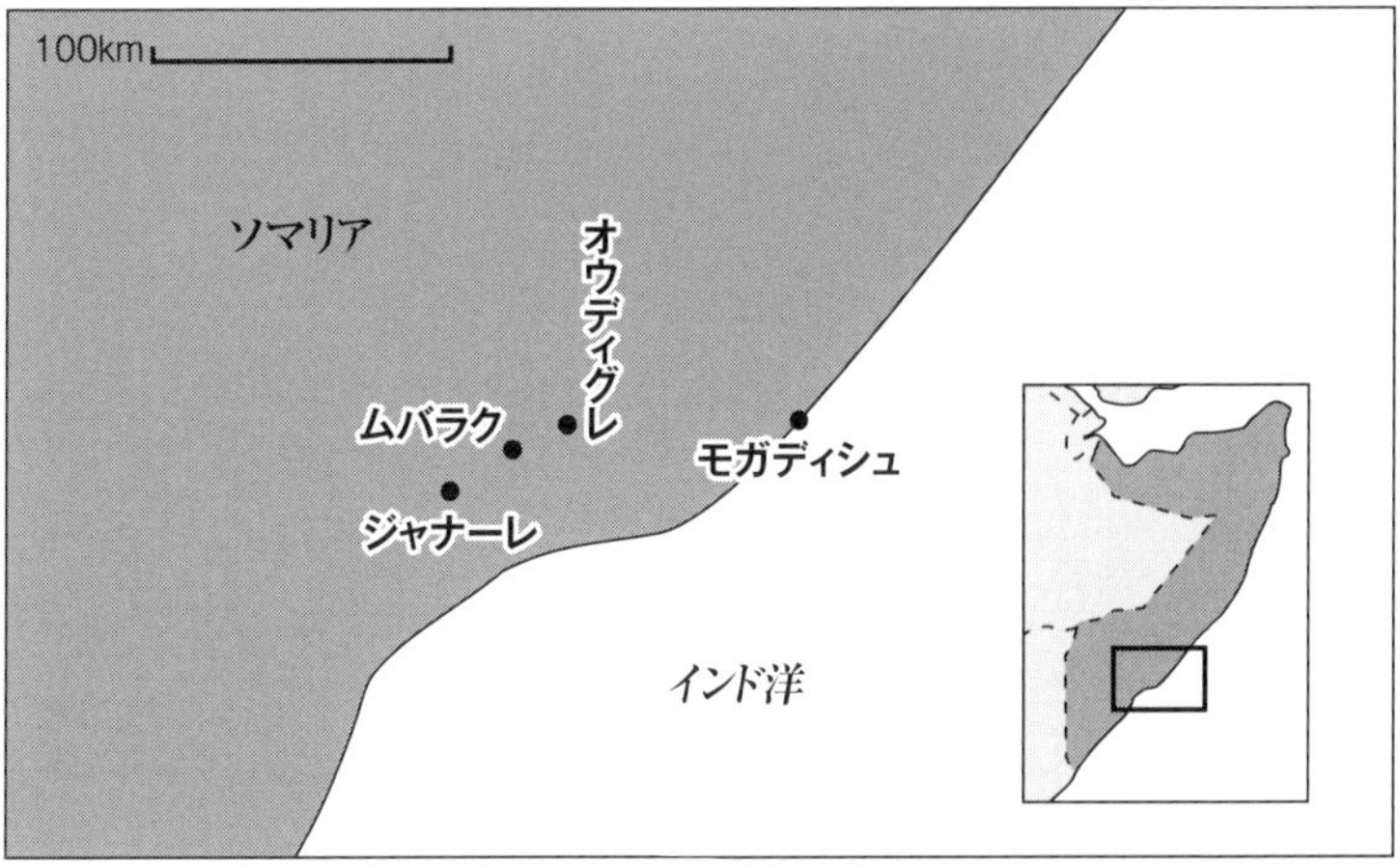

さて、このコンパウンドの中に、私たちの拠点もアフリカ連合の本部の拠点もあるため、お互いの拠点へ行き来することは簡単だ。アフリカ連合の本部では、ヘリコプターに搭乗する者の確認をして、今回のミッションについての説明を受け、その他、集合時間や有事の際の対応についての確認などを済ませる。

それらが終わると、アフリカ連合のヘリベース（ヘリコプターの基地）へと車で移動する。このヘリベースはコンパウンド内の海岸にあり、まさにそこから数歩も歩けば海、というような場所である。

私たちが到着するときには、すでにヘリコプターの整備が進んでいる。ジャナーレにいる兵士に渡す荷物があるらしく、その搬入もまた、同時におこなわれている。

「待っていました。ＩＤを見せてください」

ウガンダ軍の整備担当者が、私たちに対して最終の確認をする。

「それではもう、乗り込んでください。すぐに出発します」

国連機もそうだが、ヘリコプターを含め、その操縦士や整備士などは、ロシアやウクライナ出身の方が多い。今回のメイン操縦士はウガンダ軍の方だが、サブ操縦士はロシアの方である。

「ジャナーレまで、ここからなら1時間もかからない。短いフライトだが、安全には気を付けていきましょう」

彼の言葉と共にヘリコプターがふわりと浮き上がり、目の前に広がる海の方向へと進みつつ旋回して、飛行軌道に乗っていく。私たちはいつも、防弾チョッキなどの多くの装備を着けたままヘリに乗るのだが、人によってはイヤーマフ（耳全体を覆う防音保護具）を装着する。というのも、ヘリコプターは想像以上に音がうるさいのだ。また、紛争の最前線において銃撃や爆撃が起こることが想定される場所では、耳がやられないように、電子式のイヤーマフを装着することもある。これは、大きな音は軽減するいっぽう、会話音などの小さな音は拾い、適切に人の耳に届けるというものだ。ヘルメットをかぶりながらイヤーマフを装着すると、やや心地悪いので、私はあまり好まないが、いざというときのために常に持ち歩いているので、ヘリの音がうるさいときは、これを耳に着けて外を眺める。

中部ソマリアは、いかにも水がなさそうなまさに荒涼とした風景が続くが、南部ソマリアは、なんとも美しい景色が広がっている。どこまでも続くインド洋と地平まで続くように思われる海岸線を空から眺めていると、私もこうした豊かで美しい自然を、ただただ純粋に楽しんでいたいものだと、ふと思う。

ソマリアは、確かに多くの問題を抱えてはいるが、もし平和な国になったら、世界でも有数のリゾート地になれるだろうと真剣に思えるほどに、魅力的な要素が数えきれないほどあるのだ。陽気な日差しに綺麗《きれい》な海、そして豊かな海洋資源と、笑いが絶えない明るい人々。ソマリアにおける最も暗い闇の部分に携わるのではなくて、私もこうした明るい部分に関わっていられたら、どんなにいいだろうかと思ってしまう。

海岸線から内陸部へと移動を始めると、ジャングルというほどのものではないが、エチオピアの山々から流れを発するシャベーレ川という大きな川がゆったりと流れており、バナナやレモンなどの農作物が収穫できる肥沃な大地が広がっている。ヘリコプターは飛行機よりも高度が低いため、こうした風光明媚《めいび》な風景が、本当によく見える。ソマリアとは、なんと美しくて広大な土地なのだろう。それでも、私の足元のすぐ隣に置かれているロケットランチャーが、私たちの本当の目的地がどこであるのかを、思い出させる。私たちがこれから行くのは、決してリゾート地ではないのだ。自分自身の役割を改めて確認しながら、前へと進む。

ヘリがさらに進むと、緑の絨毯《じゅうたん》の中に、しだいにごちゃごちゃした白い丸い固まりが見えてくる。周囲を農耕地に囲まれた町、ジャナーレである。近くの町も、だいたい同じような環境なのだが、本当にだだっ広い緑の空間の中に、ポツンと一つの町だけが浮かび上がっている、というようなイメージだ。

ヘリコプターは防御力が低いため、着陸の前には地上に敵がいないかどうかの確認を、しっかりとおこなう。何度も旋回を繰り返して、ヘリが安全に着陸できるかどうかを確認したうえで、一気に降下していく。

「これよりジャナーレに着陸する。敵からの攻撃を受けるリスクが高いため、ヘリコプターはここには滞在はできない。私たちは近くの基地に移動して、そこで君たちを待つ。ここでの滞在時間は5時間だ。ぴったり5時間後に、ここまで迎えに来る」

私たちが地面に着陸するときには、すでに多くの政府軍とアフリカ連合軍の関係者たちが迎えに来てくれている。

「オーケー。それでは、これからミッション開始だ。５時間でしっかり終わらせよう」

全員が降りたことを確認すると、ヘリコプターはまたすぐに、うるさい音を立てながら離陸していく。ここから、私たちの最前線での仕事が始まる。

故郷を離れて戦う紛争地の兵士たち

ジャナーレは、900メートル四方ほどの小さな町だ。そしてそのはずれには、ソマリア政府軍とアフリカ連合軍の基地があり、ヘリベースとして利用されている場所も、この基地の中にある。着陸後は、私たちは軍の部隊に囲まれながら、すぐにブリーフィング（打ち合わせ）をする場所へと歩いていく。

「ようこそジャナーレ基地へ。こちらへ付いてきてください」

司令官にそう案内されて、私たちはぞろぞろと歩いていく。

2小隊くらいの人数だろうか。日本人がここに来ることなどは、おそらく初めてなので、多くの兵士たちが物珍しそうに私を眺めては、目が合うとニコリとしながら握手を求めてくる。ヘリベースから基地の内部まで入ってきたところで、ようやく知っている人を見つけた。

「アダラ！　ようやくモガディシュからここに来ることができたぜ」

「よく来たな！　ヨスケー!!」

「そんな目立つ色のジャケットなんて着ちゃって！」

「ハハハ！　ようこそジャナーレへ！」

軍人ばかりの中で、ひときわ目立つ水色のジャケットを着て力強く私にハグをしてくれたのは、ここジャナーレの市長であるアダラだ。彼はまだ30代と若いのだが、非常にバイタリティがある。私は以前、彼がモガディシュに来たときに、何度か対面したうえでミーティングをしたことがあった。彼は、アフリカ連合軍との関係も極めて良好で、このジャナーレのあるローアーシャベレ県における他の重要な町や、その周辺におけるオペレーションをおこなううえで、たいへん大きな役割を果たしてきた人物でもある。今回のジャナーレにおけるミッションについても、彼と私との協議の末に実現したのだった。

「ヨスケ、まずはソマリア政府軍とアフリカ連合軍とブリーフィングをしよう。その後に、ジャナーレの長老や市民の代表たちと、意見交換をしよう。今回、ブリーフィングをする場所は、この基地の中だ。すでに手はずは整えてある」

事前に連絡を取り合っていたこともあり、アダラが関係各所と連携し、すでにいろいろと準備を進めてくれていた。アダラは住民たちを基地の中に入れるためにゲートの方に向かい、私たちは軍の関係者たちとブリーフィングをする場所へと向かう。

ブリーフィングでは、ジャナーレ付近の現在の戦況や、ジャナーレ内部でのアル・シャバーブの行動、今回のミッションにおける注意点、有事の際の対応の仕方や避難経路などについて、一つひとつ確認していく。この基地はソマリア政府軍のものであることから、基本的にはソマリア政府軍の担当者から私たちに対して、これらについてまず説明をし、それを受けて、こちらも地図を開きながら、諸々《もろもろ》を確認していく。また、ここではアフリカ連合軍の担当者からも意見が出され、これらを踏まえて、今回のミッションで何をするのか、あるいは何をしないのかを、具体化していくことになる。

アフリカ連合軍は、地域ごとに担当する国が分かれているが、ここではウガンダ軍が担当している。ウガンダ軍の兵士たちの軍服の上腕のあたりには、ウガンダの国旗を模したワッペンが貼られている。ソマリアの人々はもともとアラブ系の民族ということもあり、多くのソマリ人（ソマリア人）たちは、私たちがイメージするアフリカ大陸の人々というよりも、中東諸国の人々の顔立ちに近い。一方、ウガンダ人は、まさに私たちがイメージするアフリカ大陸の人々の顔立ちに近い。したがって、両者の見た目は、大きく異なっていることが多い。それゆえ、ソマリア人たちから見ると、ウガンダ人たちは、必ずしも同胞のようには映らない。

また、ソマリア国民によるアフリカ連合軍に対する感情は、決して良いものばかりではなく、近隣諸国がそれぞれ自国の利益のために軍事介入しているととらえる人も多く、簡単なものではない。したがって、アフリカ連合軍が、ソマリアの人々から手放しで歓迎されているとは言い難いのが現状だ。

もちろん、アフリカ連合軍や国連、国際社会との間には、大きな駆け引きや政治的な思惑が交錯していることは間違いない。アフリカ連合軍がソマリアで戦うことになったのは、国連が対アル・シャバーブの軍事ミッションをおこなうことができないという事情に加えて、多分に政治的な駆け引きの結果によるものだろう。しかし、その末端で戦う兵士たちは、一体どうなのだろうか。各々《おのおの》、様々な

ジャナーレ市長のアダラと。私たちはオウディグレなどジャナーレの近くにある町でも同様の仕事をおこなっているが、アダラはそのすべてにおいてサポートしてくれている。

思いはあるだろうが、母国ウガンダを離れ、慣れないソマリアでの生活を続けながら、そして死者をも出しながら、命を賭してアル・シャバーブと戦っているということは、紛れもない事実である。そうした彼らに対して、私たちは、政治的な思惑云々《うんぬん》といった理屈は抜きにしても、まずは敬意を払うべきであろう。

さて、ブリーフィングが終わった後の短い休憩時間のあいだに、ウガンダ軍所属でアフリカ連合軍の中佐に対して、アフリカ連合軍としてどのような気持ちでここに来て戦っているのかと聞いてみると、彼がこう吐露した。

「私はこの国に、アフリカ人としてやってきた。アフリカ人としての誇りを持って、同じアフリカの兄弟たちのために戦っている。もちろん、仲間は死んでいく。その度に胸が引き裂かれる思いだ。アフリカ人同士で殺し合うのはなぜだ⁉ なぜ？ なぜ？ なぜなんだ？」

彼がここで「なぜ」と苦悩するその原因は、無数にある。そして、こうした紛争がすぐに終わることはなく、このような苦悩は、これからもしばらくは続くだろう。ただ、彼がこの地の現実に自分なりに向き合おうとしていることだけは、確かだ。極めて複雑な武力紛争の中で、確かな答えもなく、それどころか様々な憶測や思惑が入り混じり、ややもすれば、お互いに疑心暗鬼になってしまうこの殺伐とした紛争の最前線で、ただ一人の人間として、上官からの指令を受け、必死になって自分の使命を果たそうとしながら生きている。何も、命懸けでやればすべてが尊いものになるというわけではない。命など懸けないでやった方が、よっぽど心も穏やかだろう。もちろん、彼らのすべてが気高く高潔であるとも思わないし、人間誰しも、汚れた何かを持っているものだ。それでも彼らは、この命の保証もない極限の地で、自らの命を懸けながら、必死になって生きている。

こうした人々を前にして、私たちは一体どうあるべきなのか。私はいつも、それを考えざるを得ない。

ミッション開始

さて、アダラから連絡があり、私たちは大会議などに使われているテントへと向かう。テントの中には20名ほどの人々が座っており、ソマリア政府軍とアフリカ連合軍の上官たちが、私が座る場所を空けて待ってくれている。基地の内部には、数えきれないほどの兵士たちがいるが、それに加えて、このテントを取り囲むように無数の兵士たちが周囲を警戒しながら立っている。正直に言うと、できる限り対等な形で彼らとの協力関係を築いていきたいので、このような緊張感あふれる場所に、私がまるで偉い人物でもあるかのように入っていくのは、好ましくない。しかしながら、場所が場所ということもあり、ひとまず会釈をしながら、用意された席に座る。

「皆さん、この基地まで来てくれてありがとう。今日は日本からアクセプト・インターナショナルのリーダーであるヨスケが、はるばる来てくれた。平和のために、共に協力をしていこう」

アダラが最初にこう話しながら、今日来てくれた市民の代表や長老たちに対して、私のことや我々の仕事について、簡単に説明をしてくれる。そして、私の右隣に座るソマリア政府軍の上官たちからも、参加者の方々へ次のような言葉が送られる。

「アル・シャバーブの脅威がある今、ソマリアの各コミュニティが一致団結し、我々と連携することこそが、その脅威を取り除くうえで不可欠なものだ。この機会を活《い》かして、ジャナーレの平和と安定を、より確かなものにしよう」

参加者は皆、真剣な眼差《まなざ》しだ。男女の比率としては、男性の方が少し多いが、女性の参加者もたくさんいる。彼らは、町の長老やイスラーム教の指導者から始まり、若者代表や女性代表、はたまた技術者代表まで、実に様々である。彼らの協力を取り付けながら、投降プログラムをこのエリアでさらに広げていき、リハビリテーションにつながる自発的な投降を増やしていくことが、私の任務だ。

「はじめまして。私の名前は永井陽右《ようすけ》です。ここジャナーレに来ることができて、そして、皆さんにお会いすることができて、本当に光栄です。今日は投降プログラムについての説明をさせていただくと共に、皆さんが日々直面しているこの町の問題についても、お話をお聞きしたいと考えています。紛争の最前線に接するこの町、そして、この町のコミュニティが私たちと協力して勇気を持って行動することこそが、紛争の解決にとって、一番の鍵なのだと、私は信じています」

このように挨拶をしたあと、ひとまず私が、自発的投降とその後のリハビリテーションについて、彼らに説明をする。ところが、それを聞いた彼らの中にはやはり、「そんな取り組みがあるなんて、知らなかった」という表情をしている人が少なくない。いくらソマリアの中央政府が首都で取り決めたプログラムであっても、各連邦州にまで来ると、それも、連邦州の州都のような場所ではなく、ここジャナーレのような必ずしも「都市」とは言えない場所にまで来ると、情報にしても紛争の状況にしても、いかに世界が違うのかということを、痛感させられる。だからこそ、こうして彼らの元に赴き、直接話をしたうえで信頼を勝ち取ることが大切なのだ。

「皆さんがアル・シャバーブについて語ることが、いかに危険なことであるかということは、私も十分に理解しています。ただ私たちは、たとえアル・シャバーブの人たちであったとしても、私たちと同じ人間であり、イスラームの名の下に平和を愛する人だとも思うのです。彼らを救うためにも、彼らが武器を置くことができる場を創り、コミュニティの若者として復活していく道筋を整えてあげることが必要なのです。それこそが、今まさに求められていることなのだと、私はいつもそう考え、そして、この国で実際に仲間たちと共に行動しています」

私のスピーチを聞いて、長老の一人が手を挙げる。眼鏡をかけ、立派な顎鬚《あごひげ》を生やした初老の男性だ。

「まずは、ここまで来てくれて本当にありがとう。町を代表して、あなたに感謝の気持ちを伝えたい。あなたも知るとおり、この町は多くの問題を抱えている。たとえば、専門的な教育機関がないこと、若者たちが職業訓練を受ける場所がないこと、さらには、アル・シャバーブから町を奪還したといっても、その脅威は今も決してなくなってはいないことなど、実に多くの問題があるのだ」

他の参加者は、長老がこう発言するのを、じっと見つめている。

「特に若い世代には、この地域でアル・シャバーブが傍若無人に振る舞う様子に憧れを感じて、自分からアル・シャバーブに加入してしまう人がいるのも事実だ。また、この町のモスクにアル・シャバーブのリクルーターが潜入し、子どもたちを洗脳して、彼らの元へ連れ去ってしまうという事件も起こっている。また、町の郊外では、アル・シャバーブからの強い圧力があって、住民たちがそれに逆らえず、アル・シャバーブの連中が町の中まで入ってきてしまうこともある。確かにこの地域の支配権はソマリア政府軍が奪還したが、そうした中でも、このようなことが起きているのだ」

こうした問題が起こるのは、何もジャナーレだけに限らない。ソマリアで起きている紛争の最前線付近の町においては、よくある話ではある。もっと小さな村だと、アル・シャバーブがそのまま乗り込んできて、住民に対して家畜を差し出すように命令したり、子どもや若者を兵士として差し出すように迫ったりすることもある。そして、抵抗する家々に対しては、アル・シャバーブは容赦なく火を放つ。ソマリア政府が支配権を掌握している地域の中にも、こうした場所が多数存在しているのだ。

「この町のコミュニティは、長老であるあなたを中心に団結しているのにもかかわらず、アル・シャバーブのリクルーターは、どのようにしてモスクの中に潜入できるのでしょうか？　もう少し、彼らの手口についてお聞かせください」

私の質問に対し、長老が答える。

「誰がアル・シャバーブのリクルーターなのかは、誰にもわからない。確かに町民の多くが、お互いに顔見知りではあるが、それでも、アル・シャバーブがいつどこで誰に働きかけるのかは、誰にもわからないのだ。この町の過激化は、人知れず進行している。さらに、イスラーム教の指導者やイスラーム教の学校の先生に対しても、子どもたちにアル・シャバーブが信奉する過激主義を教えるよう、奴らから脅迫が届き、そうせざるを得なくなるということだってあるのだ」

長老の発言に大きく頷《うなず》きながら、若い女性と男性が手を挙げる。

「アル・シャバーブは、どこにでもいるのです。私たちがあの組織について何か話すことは、本当に危険なことなのです。彼らのことは決して口にせず、彼らと関わることもせず、それでいて、必要なときは彼らに従うことだってあります。私たちは、こうした生活を強いられているのです」

「あなたたちが提供している投降兵へのリハビリテーションプログラムの意義はわかりますし、私のような女性でもそれに参加できるとしたら、さらに素晴らしいことです。しかし、それだけでは足りないのです。どのようにして私たちの安全を確保しながら、彼らの脅威を取り除くことができるのでしょうか？」

そんな彼らの不安を和らげようと、今度は私が答える。

「貴重なご意見、本当にありがとうございます。皆さんのおっしゃるとおりです。私たちがここにいるすべての人々と連携することが大切なことは、言うまでもありませんが、その前に、皆さんの安全を確保することを、私たちは決して忘れてはいません。このプログラムを実行するにあたっては、あなたたちがリスクを背負うようなことは、あってはならないのです。そしてそもそも、このプログラムはアル・シャバーブと敵対するものではなく、すべての若者が暴力から離脱して、彼らが、別の本当の生き方を実現することができるようにするためのものでもあるのです。そのことがアル・シャバーブにいる人たちにもよく伝わるように、私たちも様々な工夫をしながら、さらに努力をしていきます」

中央政府側の担当者として同行しているサラッドも、この私の発言に対して、補足説明を加える。

「中央政府としても、あなたたちが言うような事情について、把握している。そのうえで、私たち中央政府とあなたたちコミュニティがしっかりと連携していくことこそが、アル・シャバーブに打ち勝つためには、何より重要なことなんだ。誇るべき素晴らしいソマリア政府軍の精鋭部隊たちも、このプログラムとしっかりと連携しているから、心配は無用だ」

さらに私が、たどたどしくはあるが、現地語で話しながら、こう付け加える。

「ここにいるすべての人が、少なからずリスクを抱えて生きています。私たちのような外国人や、軍の関係者と接点を持つことだけでも、あなたたちにとって大きなリスクになることも、十分に理解しています。だからこそ、改めてあなたたちに対して、感謝の気持ちを伝えます。まずはこのようなプログラムがあるということを知っていただき、コミュニティの中で、少しずつでもいいので、広げていってもらえたら幸いです。共に平和を創っていきましょう。私たちもベストを尽くします」

ここぞというときになると、私は決まって、現地語を使って話すようにしている。そうすることで、現地の人たちの側にいるという姿勢を示すからこそ、相手に伝えられることが、確かにある。

市長であるアダラが、最後にまとめてくれる。

「この機会を最大限に活かしていこう。そして、アクセプト・インターナショナルの皆さん、ジャナーレに投降兵たちのためのリハビリ施設を設置することも、是非考えてみてください。きっと、多くの若者たちの助けになるはずです。今日はありがとう。また定期的に集まり、みんなで一丸となって行動していこう！」

大きな拍手と共に、会合が終わった。多くの人が私の前に来てくれて、そして握手を交わし合う。また、兵士たちも交えて、みんなで記念写真の撮影もおこなった。ここにいる兵士たちとしても、私たちのような外国人を見ることは極めて珍しいので、彼らが持つ携帯電話で自撮りをしようと、みんなが先を争うようにして、私の元へ寄ってきてくれる。このときばかりは、いつもは厳しい上官たちも、こうした光景を和やかな眼差しで眺めている。

ここでは、アフリカ連合軍の方で、私たちのための昼食を用意してくれていたので、参加者を交えながら、みんなで昼食を食べる。紛争の最前線での食事としては、たいへんなご馳走《ちそう》と言えるもので、白い米の上に、大きなチキンとゴロゴロとしたジャガイモが載っかっている。そして、チャパティが2枚と1本のバナナ、さらにスライスされたスイカも付いていて、ボリューム満点だ。これは、ソマリアの伝統的な料理というよりは、隣国ケニアやウガンダの料理で、さすがはアフリカ連合軍が用意する料理、といったところだ。飲み物は、新鮮なヤシの実をカットして、そこにストローを挿して飲む、ヤシの実ジュースだ。こうした食事を現地の人々と共にすることも、お互いに信頼関係を構築するためには欠かせないが、それ以上に、渇いた体には、ヤシの実ジュースが、ことのほか染みわたる。

「ヤシの実ジュースをソマリアで飲んだのは、初めてかもしれない」

「このあたりではたくさんのヤシの木があって、みんな普段から、飲んだり食べたりするんだよ」

「私が住んでいる日本の首都東京では、ヤシの実は一つ1000円から2000円くらいはすると思う。なかなか珍しい食べ物なんだ」

「本当か⁉　それなら心ゆくまで食べていってくれ‼」

こうした他愛もない話に花が咲く。私は184センチと体が大きいこともあって大食いなので、現場で心温かい人々とご飯を食べると、いつも決まって「もっと食べろ」とたくさん分け与えられることになる。私がたくさん食べることで彼らが喜んでくれるのも嬉《うれ》しいし、せっかく分けてくれたものを無下にするのも、気持ちが良くないということで、私はどんどん食べるのである。どうしてこんな紛争の最前線まで来て、お腹いっぱいになるまで食べる必要があるのだろう、とは思うのだが……。無謀にも、彼らを喜ばせたい気持ちもあって、ヤシの実ジュースを2個一気に飲むこともあるが、そこは胃袋の大きさでカバーだ。

「それでは、そろそろ町に出よう。もう、時間もあまりない。これから長老と共に町の現状を確認し、その後で基地に戻ってきて、最後にアル・シャバーブから投降を導き出すための作戦を立てよう」

アダラがそう言うと、周りの兵士たちも、外に出る準備を始める。私自身も、食事の際に外していた装備品を再び装着し、トランシーバーが適切なチャンネルにつながっているかどうかを確認する。ジャナーレのような紛争の最前線の町や村では、毎回基地の外に出ることはしない。だが今回は、セキュリティの確保ができたので、ソマリア政府軍とアフリカ連合軍の厳重な警備の下、町の状況を確認するため、また、住民と少しでも良い関係を構築するために、私たちも基地の外へ出ることにした。住民たちとコミュニケーションを図り、そのうえで、投降促進オペレーションをどのように改良していくかを、検討していくのだ。

基地の外へ出る準備をしている最中、近くにいたアフリカ連合軍の上官の一人が近づいてきて、先ほどの会合の参加者たちを横目で見ながら、私にこう、耳打ちをした。

「あいつらは全員、アル・シャバーブとつながっている。気をつけろ。決して油断するな」

ぼそりとそれだけ言い残して、ゲートの方へ歩いていった。

そんなことはわかっている。わかったうえで、あえて私は、ここに来たのだ。

最前線の「現実」

私たちが基地を出るときには、アフリカ連合軍の装甲車に乗って移動する。その多くは、南アフリカ産の「キャスパー」と呼ばれる装甲車（コンボイとも呼ぶ）で、銃撃や砲撃などの一般的な攻撃はもちろん、即席の爆発装置や地雷といった爆発に対しても、ある程度は防御することができる。とはいえ、攻撃を受ければ、タイヤが吹き飛んだりはするし、車に火薬を詰め込んだ車両自爆テロなどに遭遇した場合には、さすがに致命的なダメージを受ける。

この手の装甲車は、乗員は基本的に後ろから乗り込み、電車のように向き合って座る形になっている。装甲車の上部には「キャリバー50」という重機関銃が取り付けられており、打ち手は座席に立ち、上半身だけを外に出して周囲を警戒しながらその重機関銃を構えている。この装甲車を2台並べ、その前後にソマリア政府軍の車両が数台配置され、一つの車列となる。この車列が一体となって、移動するのだ。また、場合によっては、車列に加わらずに少し離れた場所で前後の様子を確認する車両も配置される。

ちなみに、アフリカ連合軍の兵士たちの装備は、ソマリア政府軍の装備よりも一般的に優れているため、アル・シャバーブとの戦いにおいて、アフリカ連合軍はソマリア政府軍とソマリア政府を大きくサポートすることができている。

基地のゲートには装甲車が数台並んでいて、それが敵に対する物理的なバリケードにもなっている。そのゲートに並んでいるものと同じ装甲車で、私たちはゲートを過ぎていき、町へと続く一本の道を走り始める。ここは南国というわけではないが、道の両側には高いヤシの木が立ち並んでいる。それ以外にも、立派な草木が青々と茂っていて、ここは川の恵みがなんと大きい場所なのかと、改めて感じさせられる。

余談になるが、装甲車はもちろん防弾加工されており、そのうえ窓も小さいので、せっかくのこうした素晴らしい景色を楽しむための乗り物としてはおすすめできない。

町へと続くぼこぼことした道を走っている装甲車の中では、アフリカ連合軍の兵士たちが、常にトランシーバーで連絡を取り合いながら、敵からの攻撃に備えて警戒を怠らない。以前、日本で、とある医者の知り合いから、「もし紛争地で敵の攻撃を受けて、手足などがちぎれてしまったら、それを氷につけたうえで、8時間以内に日本まで持ってきて。最悪24時間以内までなら、なんとかするよ」と言われたことを、ぼんやりと思い出した。ところが、日本はここから8時間はおろか、24時間でも到達できない遥か彼方にあり、その上、ここには氷もない。

そんなことを考えているうちに町へと到着すると、私たちは装甲車を降りて、1中隊ほどの兵士たちと共に、装甲車に囲まれながら、町を北上していく。自分が小さいのか、それとも空が大きいのか、

南アフリカ産の装甲車「キャスパー」。耐地雷・伏撃防護車両となっており、前線での移動に欠かせない。他にも、トルコ産の「キルピ」という装甲車も使う。

どちらなのかわからなくなってくるほどに、相変わらずソマリアの空は大きく雄大だ。町の人々も、私たちを見ると、物珍しそうに眺めながら、外国人がいるぞと、こちらに手を振ってくれる子どもたちもいる。ちらほらと牛の姿もあって、のしのしと歩いている様子が見える。なんと豊かな土地だろうか。

町長とアダラが私の隣に来て、歩きながらこう話す。

「ヨスケ、ジャナーレはどうだい?」

「自然が豊かで、とても素晴らしい土地だね。人々も、私たちを歓迎してくれているようだ」

「もちろんだ。これから町の北まで、少し歩いていこう。しっかり状況を見て、私たちが何をすることができるのか、よく考えてみてくれ」

つぶさに町を見ていると、若い男性が極端に少ないことに気がつく。たくさんの住民がいるが、そのほとんどが母親や子ども、高齢者ばかりだ。また、確かに私たちに話しかけてくれる人もいるが、こちらから話しかけても、あまり応答をしない人もいる。応答しないというよりも、応答してはいけない、何も話してはいけないと、彼らが考えているようにも見える。

こうした状況は、アル・シャバーブから奪還して間もない場所や、アル・シャバーブが確かにまだその近くにいる場所では、実は、珍しいことではない。簡単に言うならば、そこにはまだ、アル・シャバーブの目があるのだ。その紛れもない事実に対して、人々は恐怖を抱いている。どこでアル・シャバーブが自分たちを見ているかわからないから、政府軍関係者などとは、あまり関わりを持たないよ

最前線の町の様子。前線を移動する際は、常に周囲には無数の護衛が展開している。それに加えて、防弾車や装甲車、武装車も同時に移動していく。

うにするのだ。

しかし、そんな彼らを、誰も責めることなどできない。皆、生きるために必死なのだ。生きるために、時には政府とではなく、アル・シャバーブとだって、うまくやるように振る舞うのである。こうした極限の場所ではいつだって、波風を立てずにその時その時を生きることこそが、最善の方法なのである。

このように、住民たちが、時には政府に従い、時にはアル・シャバーブに従うといったように、その両方への忠誠を誓っているとも取れる状況をつぶさに見ると、ここには若い男性が極端に少ないということの理由が、よくわかってくる。日中、農作業のためにと言って町を出ていった若者たちが、その後、一体どうしているのか。

そもそもこの町の郊外からは、アル・シャバーブが支配する領域である。彼らがこの町を長い間留守にしているということは、つまり、日中、この町を出ていった若者たちは、実はアル・シャバーブの支配領域下において、秘密の生活を送っているのである。そうした彼らの中には、必要な際には、アル・シャバーブの戦闘員として戦うことを強いられる人も、無数にいるだろう。アル・シャバーブの支配領域においては、普段は農民や漁民として働いていても、いざ戦闘になると、戦闘員として戦うことを強いられるというケースは、非常に多いからだ。

このように、日中、町を出た農民は、日が暮れると、元の町へと何もなかったかのように戻ってくる。そのとき彼らは、この町を留守にしていた間、自分が本当は何をしていたのか、その真実を誰に言うことができるだろうか。彼らはまた、新しい一日がやってきたら、何もないかのように振る舞いながら町を出て、アル・シャバーブが待っている場所へと行かなくてはならないのだ。まだアル・シャバーブの影響を完全には排除できていない紛争の最前線では、これこそが、そこに住む住民たちの置かれている境遇なのだ。

「二人の息子が帰ってこないの。もしかしたら、アル・シャバーブに使われているのかもしれない。もうしばらく、彼らと連絡もつかないの」

長老が紹介してくれた一人の老婆が絞り出すように口にしたこの言葉は、この町で進行している事態の複雑さを、私たちに十分に教えてくれる。紛争の最前線では、ソマリア政府軍が奪還した町ですら、このように、まだアル・シャバーブの影があるのだ。誰もがまだ、アル・シャバーブとつながっているかもしれず、私たちの情報も、概ねアル・シャバーブに把握されていると想定したほうがいい。

そんな疑心暗鬼が渦巻く場所だからこそ、私たちがどんな姿勢をそこに住む住民たちに見せるかが、何よりも大切だ。どんな言葉を彼らに対して伝えるのか、それが重要なのである。また、逆に言えば、ここに住む住民がまだ、アル・シャバーブとのつながりを保っているからこそ、彼らを通して、アル・シャバーブに対してメッセージを届けることができるという一面もある。

たとえば、私たちが提供している投降プログラムとその後のリハビリテーションプログラムの本質とは何か、そして、私たちがそれをどんな想いを込めてやっているのかを、ここに住む住民を通じて、アル・シャバーブに伝えるのだ。

しかし、そうは言っても、もちろん住民たちに無理をさせることなど、決してできない。むしろ、どうか無理だけはしないでくれとも思う。リスクを背負って行動を起こしてくれた市長や町長、その他住民の代表たちの気持ちを考えると、彼らがどれほどの苦悩を抱えていただろうかと、心が痛む。だからこそ、私たちの方でも、文字どおりベストを尽くす義務がある。この場所に存在する様々な問題に対する明確な答えはないが、少しでもその答えに近づけるよう、自分なりに考え抜き、それを実行に移し、形にするという義務があるのだ。

最前線で「生きる者」と「死する者」

やがて、私たちの一行は、無数の兵士や車両と共に、町の北部へと近づいていく。そこにはもう、住居はなくなり、あるがままの自然の中に、小さな道や橋が、ただただ続いている。牛を引いて歩く農民も多い。銃声は2度ほど聞こえたが、今日は戦闘はなく、落ち着いているようだ。爆発音も、今日はまだ聞くことはなく済んでいる。そして、長い牛の大群が私たちの横を通ったところで、ようやく川に差し掛かった。

「ここから先は、アル・シャバーブの領域だ」

アル・シャバーブの支配領域と接する味方側の領域では、川の土手を高くして、兵士たちのチェックポイントと見張り小屋が設置されている。そして、アサルトライフルに加え、「PKM」という軽量の機関銃を装備した兵士たちが多数、向こう岸を監視している。ここでは、機関銃に長くぶら下がった金属製の弾帯を体に巻き付けて、兵士たちが移動する様子が目を惹《ひ》く。

「アル・シャバーブの連中は、明け方と夜中に攻めてくることが多い。大人数ではあまり攻めてこないが、少人数で奇襲を仕掛けてくるんだ。基本的には自動小銃で攻撃をしてくるが、迫撃砲やロケットランチャーで攻撃をしてくることもある。基本的には、彼らは攻撃を仕掛けてきては、すぐに引き揚げていくという戦法を取るが、戦闘が完全に終わるまでは、決して油断することなく、警戒を続けることが重要だ」

アル・シャバーブの戦闘員は、時には農民の恰好《かっこう》をしながら、また、時にはソマリア政府軍やアフリカ連合軍のユニフォームを着ながら攻撃を仕掛けてくる。彼らは、アフリカ連合軍やソマリア政府軍の基地を襲撃することに、もっぱら力を入れている。なぜなら、大人数で基地を一気に攻撃して制圧すれば、武器や弾薬に加え、装甲車を含む車両も、また、ユニフォームや食料も、そして捕虜さえも、同時に獲得することができるからだ。

捕虜に対しては、激しい拷問《ごうもん》を加えて機密情報を喋《しゃべ》らせたり、無理矢理彼らのプロパガンダビデオに出演させたうえで、アル・シャバーブの正当性について語らせたりする。2015年にここジャナーレでの戦闘で捕虜になったウガンダ軍所属のアフリカ連合軍兵士についても、同様である。片目をくり抜かれたうえで、アル・シャバーブにとって都合の良いことを喋らされる彼らの姿を見せつけられて、どこの誰が、平静を保つことなどできるだろうか。

ソマリアは、国際的に関心を寄せられることが、非常に少ないという現実がある。それゆえ、ソマリアの紛争を解決するために寄せられる人的・物的な支援についても、決して十分とは言えないのが現状だ。

そうした中で、紛争の最前線で命を懸けて戦うアフリカ連合軍の兵士たちは、一体何を思うのだろうか。アフリカ連合軍の中には私の友人もたくさんいるが、皆「帰りたい」「家族に会いたい」と、口を揃《そろ》えて言っている。私たちは簡単に「戦争」や「兵士」について語るが、現実の兵士一人ひとりは、それぞれが特別な感情を持った、かけがえのない存在だ。アフリカ連合軍がソマリアに介入するに至った背景や、紛争が起こった原因、さらには、現在のままならない状況などに対して、外にいる人間が批判を加えることは、本当に簡単なことだ。もちろん、そうした批判を真摯《しんし》に受け止めて、現状を変えようとする努力は必要であるが、仮に、そうした議論の中に、現場で命を懸けて戦う兵士たちに対する配慮が置き去りにされているとしたら、一体、彼らは何のために命を懸けていることになるのだろうか。

こうした事情は、ソマリア政府軍にしても同じだ。兵士の装備についても、兵士に支払われる給料にしても、全く満足のいくものではない中、兵士たちは、日々をここで生きている。十分な給料も渡されていないのに、喜んで私たちのプログラムに対して協力してくれる、最前線の兵士たち。彼らと良好な関係を築いてくることができたことを、私は何より、誇りに思う。

「ヨスケ、もう危険だ。基地に戻ろう」

そう、アダラが私を促す。

「わかっている。ただ、投降兵リハビリテーション施設を卒業してここに戻ってきた青年二人には、まだ会えていないんだ」

「今回はもう難しい。彼らとは電話でつながっているんだろ？　それなら、基地に戻ってから、電話でまた話せばいい。さあ、もうコンボイに乗ろう」

モガディシュの施設を巣立っていった二人の青年との再会だけは、今回、どうしても果たしたかったが、状況次第では、やはりそれも難しくなることもある。ここで会えないのであれば、逆に彼らを基地に呼び、そこで会えればいいとも考えたのだが、残念ながら、彼らが基地の中へ入ることは、セキュリティの関係上、ついに許可が下りなかった。

基地へと向かう装甲車の中で、現地スタッフであるアブドラが彼らに電話をしてくれて、彼らが無事にジャナーレにいるということ、そして、彼らは私に会うために外に出てきてくれたのだが、どうしても今回は会えそうになかったと、彼らが話してくれたことなどを、説明してくれた。彼らと会うことは叶《かな》わなかったが、私が彼らと会うために、実際にここまでやってきたということ、そしてまた、私が心から彼らに会いたいと思っていたことなど、彼らのことをいつも心にとめている私の気持ちが、少しでも彼らに伝わったらいいと、小さく願う。

そこからは、急いで基地へと戻り、残り時間も少なくなる中、アダラ、長老、司令官たちを交えて、今後の方針について、協議をしていく。

「まず、リーフレットに書かれている文言は、やはりジャナーレの人々からより理解されるような表現に修正しよう。純粋に、彼らが教育や医療、食事などを受けることができるようになるためのプログラムであることを、前面に打ち出したほうがいい。あとは、リーフレットの配布を実際に担当する軍の関係者をトレーニングすることも、必須だね。そしてやはり、重要な役割を担うのは、あの長老だ。あの長老から、粘り強く住民たちに対して、無理のない範囲での協力を頼んでもらうようにしよう」

「投降者の声を紹介する箇所についても、ジャナーレ周辺で投降をした人の声に替えることが必要だろう。今、リーフレットに載っているバイドアとキスマヨの投降兵の声では、ジャナーレの人たちには親近感も湧かないし、何より、バイドアとキスマヨとここでは、状況が大きく異なっている」

「リーフレットに載せる写真として、何かいいものはあるかな?」

「ジャナーレ出身の投降兵が写っている写真で、使えそうなものは持っていないな。だから、写真は別のものを探した方がいいかもしれないね」

このように、私たちが忙しくバタバタと協議をしている中、アフリカ連合軍の兵士たちが、こちらに向かって走ってくる。

「まもなくこちらへ、ヘリコプターが到着します。搭乗の準備をしてください」

兵士の呼びかけを受けて、私はこれまでの議論をまとめ、やるべきことを整理し、各担当者に割り振って、最後の確認をした後、急いで出発の準備を始める。各人がそれぞれの荷物をまとめながら、私たちを乗せるヘリコプターがやってくるヘリベースへと向かう。すると、少し向こうの方から、アフリカ連合軍のヘリコプターが、大きな音を立てながらこちらへやってくるのが聞こえてきた。

「さあ、もう時間だ！　みんな急げ！」

私たちを見つけたパイロットが、機内から大声でそう叫ぶ。私は、兵士たちとの別れを惜しみつつ、握手やハグをしながら、最後に少しばかり、互いに言葉を交わしていく。ヘリコプターの音がうるさすぎて、このときばかりは皆、元気いっぱいに大声で話す。

「心から感謝する‼ またすぐここに来るから、これからどうか協力を頼む‼ モガディシュに戻ったら、また電話するよ‼」

「オーケー、オーケー‼ さあ行け‼」

ここにやってきたときと同じように、大勢の兵士たちがヘリベースまで来てくれて、みんな笑顔で、私たちを送り出してくれる。例のアフリカ連合軍のウガンダ人中佐が、腕時計を指差しながら、しきりに「急げ急げ」というジェスチャーをしている。

「全員乗った！ もう行けます！」

私がそう叫ぶと、ヘリコプターはすぐに離陸を開始して、前に進みながら、徐々にその高度を上げていく。ヘリコプターの下には、こちらに向かって手を振ってくれている兵士たちの姿が見える。たった5時間あまりの滞在だったが、一日中、絶え間なく動き回っていたかのような錯覚に陥る。最前線でのミッションの際には、いつもこうだ。

私たちを乗せたヘリコプターは、ソマリアの美しい緑の大地を、さらに大きく左に旋回して、インド洋に面する首都モガディシュへと戻っていく。

「アブドラ、ここにいる兵士たちは、本当に素晴らしい人ばかりだったな」

「そのとおりさ、ヨスケ」

ヘリコプターに乗った各人が、それぞれの想いを抱きながら、ただただ外を眺め続けていた。

モガディシュのアフリカ連合軍のヘリベースに到着すると、私たちが無事に戻ったことを、まずは関係各所に連絡する。

その後、私たちは、拠点としているコンパウンドに戻り、現地スタッフたちと共にコーヒーを飲みながら、ホッと一息つく。この拠点には、ヨーロッパからやってきた外国人も多数おり、私の装備を見て、大変な任務だったろうと、労《ねぎら》いの言葉をかけてくれる人もいる。この言葉を聞いて、私も、少しばかりホッとする。「やれやれ、ようやく戻ってきたか」という感じだ。

ランチの時間はすでに過ぎてしまっているので、食堂にあるバナナやスナックを手に取りながら、もそもそと食べ始める。

「いやぁ、疲れたな」

「ヨスケ、お祈りの後は、ハンモックで少し昼寝をさせてくれよ。」

「オーケー。それなら俺も、20分ほど昼寝をするよ。ただし、起きたらまた、すぐに仕事だ」

「日本人は、休まないし、寝ないっていうもんなあ」

「日本のNGOで働いているのが運の尽きだぜ、アブドラ」

日々の過酷な仕事を必死にこなす中で、みんな心身共に疲れているし、現場は大変なことばかりだ。それでも、共に同じ方向を目指しながら、辛い環境にあっても、目的を達成するために必死にもがく仲間たちが、私の隣にも、そして、紛争の最前線にもいる。その事実が、私の心を奮い立たせるのだ。私は今、ひとまず紛争の最前線から帰ってきたが、今も最前線に留まり続けている人たちがいる。すっかりぬるくなったコーヒーを飲み干しながら、ふと、彼らのことを思う。

その後すぐに、ジャナーレでおこなった住民代表たちとの会合の際に、私の隣に座っていたソマリア政府軍の兵士が戦闘で死亡したとの知らせが入った。また、ジャナーレと良好な協力関係にあったマルカの市長が、自爆テロによって亡くなってしまったとの報告を受けた。少なくとも18名が、この自爆テロで亡くなったという。

さらには、ジャナーレの西側の隣町であるコリユリーの市長は爆発によって死亡し、東側の隣町であるムバラクは、アル・シャバーブに奪還されてしまった。

紛争の最前線では、人の命がいとも簡単に失われていく。そんな中、今も最前線で戦うほかの兵士たちは、これから一体、どうなるのだろうか。また、私には一体、この先どんな運命が待ち受けているのだろうか。一人になると、私はいつも、そう問い続けている。

第3章◎紛争地の刑務所

モガディシュ中央刑務所

私たちの仕事場は、何も紛争の最前線の世界だけではない。テロと紛争という難しい問題に対応するうえで欠かすことができないもう一つの重要な場所が、刑務所である。

いわゆるテロ組織からの投降を自発的に決断し、その後の取り調べの結果、比較的再犯のリスクが低いとされた投降兵たちは、「投降兵リハビリテーション施設」に入り、そこでじっくりと脱過激化を実現し、社会復帰を達成することができる。その一方で、逮捕されたのちに軍事法廷を経て、刑務所に送られる人々も、多数いる。そうした人々は、リハビリテーション施設へ送られる投降兵たちよりも、社会に対して強い憎悪を募らせていることが多く、彼らへの対応は、非常に難しい問題なのである。

私たちがソマリアの現場で管理・運営に最も力を入れている刑務所は、首都モガディシュにある「モガディシュ中央刑務所」だ。この刑務所はソマリア最大の刑務所であり、約1500名の人々が収容されている。そして、そのうちのおよそ半分にあたる750名ほどが、アル・シャバーブに関係する人々である。受刑者たちのこうした特殊な経歴に加えて、その他にも様々な課題を抱えていることから、外部の者が立ち入ることが極めて難しい刑務所として有名であるが、私たちはこの中で毎日、彼らが「テロリストではない人生」を選択できるように、様々なプログラムをおこなっている。

モガディシュは首都ということもあり、ソマリアで最も大きな町だ。町の様子は非常に活発で、毎年のように新しい建物が建てられており、血みどろの内戦から少しずつ復興していく様子を肌で感じることができる。

私がここに初めて来たのは、大学3年生だった2013年のことであったが、当時と今とを比べると、町は目に見えて発展してきていると感じる。特に2013年の滞在時には、度重なる襲撃や拉致、16人ものスタッフが殺害されたことなどを理由にして「国境なき医師団」がソマリアから撤退してしまったり、現地で私を支えてくれていたアフリカ連合軍関係者の親族が自爆テロに巻き込まれて亡くなってしまったりと、凄《すさ》まじい状況であった。それでも人々は、もちろん様々な問題を抱えながらではあるが前を向き、そこから少しずつ、確実にこの国は良い方向へと歩みを進めてきたのだ。

とはいえ、モガディシュはソマリアにおいて、最も頻繁に自爆テロが起きる場所の一つでもある。モガディシュの中心地を東西に貫く大通りである「マカ・アル・ムカラマ道路」の別名は「ダプカ」で、これはソマリ語（ソマリア語）で「火」を意味する。政府関係者など、アル・シャバーブの攻撃ターゲットがこの通りをよく利用することから、自爆テロが多発する場所になり、その結果、「火が見える」という意味の別名がついたのである。

たとえば2020年12月から2021年9月の9カ月間で、アル・シャバーブによる攻撃は、わかっているだけで1047件あったが、そのうち270件がモガディシュで起きている。もちろん爆発も銃撃も全くないような平和なときもあるが、決して安全な場所であると言うことはできない。また、モガディシュの中心地にも、数多くのアル・シャバーブのスパイや工作員が潜入しており、常に高度かつ特殊なリスクコントロールが要求される場所である。

刑務所は、受刑者を収容して処遇をおこなう施設であり、日本はもちろん、どんな国にも設置されていることもあり、私たちが管理・運営している投降兵のためのリハビリテーション施設よりも、よっぽどイメージはしやすいはずだ。しかし、紛争地の刑務所となると、紛争中であることを理由に、正規の法的手続きを超越した、いわゆる「超法規的措置」が取られることも多いなど、非常に混沌《こんとん》としている。

たとえば、ここモガディシュ中央刑務所では、本来は別々の施設に収容されるべき投降兵や未決拘留者が、同じ刑務所の中に入れられているケースもある。また、軍事法廷で有罪となって、その刑期が言い渡されていたとしても、政治的な取引の結果、突如釈放されてしまうケースもある。さらには、モガディシュの刑務所内においては、死刑はもとより、国際法的には認められない体罰や拷問《ごうもん》がおこなわれている疑いがあり、これについて、国際人権保護団体から非難され続けてもいる。

国が刑務所を運営するにあたっては、遵守すべき国際法が多数あるが、そもそも、紛争が続いているソマリアのような脆弱《ぜいじゃく》な国においては、どうしてもそのすべてを完璧に遵守するということは難しいのが実情だ。それに加えて、アメリカやイギリスなどの援助国家にしても、こうした様々な問題を抱える国の刑事施設への援助を渋ることが多く、その結果、こうした国は、世界の標準から、どんどん取り残されてしまうことになる。このような悪循環の中で、国の内部では、実に多くの問題が噴出し、悪化して、さらなる負の連鎖が生まれることになるのだ。

また、そもそもこうした刑務所へ外部の者が立ち入ることについては、非常に制限されていることが実に多い。というのも、先に述べたように、様々な問題を抱えた刑務所内部の実情を、刑務所当局がわざわざ外部には公開したがらないということはもちろん、テロ組織関係者が収容されている場合であれば、その取り扱いは極めてセンシティブであることから、やはり外部の者に対してその門戸を開くことには消極的なのである。

さらには、特に人権意識が強い欧米の政府や組織が「死刑の廃止」などのわかりやすい要求を掲げながら、ソマリアの刑務所に対して政治的な圧力をかけることも多く、ソマリアの刑務所当局が、そうした圧力に対して反発しているという一面もある。

さて、こうした様々な問題を抱えるモガディシュ中央刑務所であるが、ロケーションは最高で、すぐ隣には美しい海が広がっている。ソマリアの海は雄大で、その中に、ぽつりぽつりと漁船が浮かんでいる様子が見える。また、中央刑務所のすぐ近くには魚市場があり、現地の人々がよく、ここまで魚を買い付けに来る。海にはマグロもいれば、ウミガメもいる。ちなみにここでは、現地の人たちは、ときどきウミガメを炒めて食べるそうだ。

さらに、中央刑務所の隣にはモガディシュ港があり、いつも多くのコンテナが積み上げられている。刑務所の方が港より高い位置にあるので、港が醸し出す美しい風景を上から眺めることもできるし、さらにその先には、どこまでも続く大海原が広がっているのだ。海風の影響でいつも風は強いが、強い日差しとも相まって、海はキラキラと輝いている。ただ、この強い潮風のおかげで、刑務所の塗装や金属類はすぐダメになってしまうようで、刑務所当局の関係者たちは、本当は心地良いはずの潮風を、毛嫌いしていたりもするようだ。

この刑務所の敷地は広く、その中には刑務所当局のオフィスや、この刑務所を守る兵士たちの宿舎がある。また、私たちのソマリアにおける事務所の一つも、この刑務所の中にある。

刑務所当局は、ソマリアにおける四つの治安維持関係機関の一つであり、国軍（政府軍）、警察、情報機関と並んで、大きな力を持っている組織である。元来、この四つの治安維持関係機関は、それぞれ四つの大きな氏族によって牛耳られている。そして、政権交代などが起こると、各氏族がどの機関を牛耳るのかが替わることもあるが、基本的には、常にこの四つの氏族によって支配されていることに変わりはない。具体的には、「ジェネラルコミッショナー」という組織のトップに始まり、その下のポジションなどについても、特定の各氏族の者たちに対して縁故的に与えられることになるのである。たとえば、刑務所当局は長らくラハウェイン氏族が掌握していたが、2022年の選挙によって大統領が交代し、これに伴って内閣も代わった関係で、ラハウェイン氏族は今度は警察を掌握することになり、刑務所当局はディル氏族が掌握することになった、というような具合である。

モガディシュにあるビーチ。ここではときどき自爆テロが起きるが、それでも景色は非常に美しく、毎日のように現地の人々で賑わっている。

こうした状況は、ソマリアが抱える極めて特殊な政治的事情もあり、すぐになくなることはないだろうと思われる。何をするにも、この国では氏族が重要であり、このことを抜きにしては、何も語りえないのである。

さて、私たちの拠点があるモガディシュの「MIAコンパウンド」から中央刑務所までは、防弾車でおよそ15~20分ほどの比較的短い距離だ。とはいえ、コンパウンドを出る前に、まずは治安機関や情報機関などから送られてくる「危険予報」を確かめ、別の情報源からの情報とも照らし合わせながら、その日の危険の度合いについて確認をする。

「危険予報」は、自爆テロなどが起こると予想される場合には、すぐに私たちの元にも、その情報が送られてくるというものである。たとえば、「11月12日午前0時から48時間以内に、Aエリア、Bエリア、Cエリアで大規模な爆発が起きる可能性がある。特にAロードとBロードを走行する際には十分な注意が必要だ。しっかりと警戒を怠らず、不要な行動はしないように」というような具合だ。

治安機関や情報機関がもう少し詳細な情報を把握している場合には、テロ行為に使われることが疑われている車の車種やナンバープレートといった情報が送られてくることもある。こうした情報を、最低二つ以上の情報源から得たうえで、それらを一つひとつ確認し、これからコンパウンドを出るのかどうか、また、出るとするならどの時間に出て、どのルートで目的地に向かうのか、などを検討していく。

コンパウンドのゲートは、ソマリア政府軍とアフリカ連合軍の両者によって、厳重に守られている。また、爆薬などを検知する犬がゲートの周りに配置されているが、これはアメリカの民間軍事会社が提供している。コンパウンドを出ることが決定されると、私たちを乗せた車は、このように厳重に警備されたゲートを抜けて、モガディシュの中心地に向けて走り始める。

モガディシュには無数のチェックポイント（検問所）があり、毎回ドライバーがＩＤを見せながら、検問官に通行の目的などを説明し、許可を得たうえで通過していく。車の後ろには、いつも護衛の兵士たちが乗ってくれているが、気の短い彼らが荷台から「どけどけ」と叫びながら、周りの車を押しのけるようにして、最速最短で目的地へと向かうのである。

モガディシュ中央刑務所へと至るゲートは三つあるが、公道から一つ目のゲートを抜けて二つ目のゲートを越えたところからが、中央刑務所の敷地内となる。

ちなみに、公道から一つ目のゲートの隣には、刑務所当局の関係者や政府関係者を含む多くの現地人たちに愛されていたイエメン料理のレストランがあったが、これまで私が知る限り、４回ほど自爆テロの標的となり、とうとう閉店してしまった。私も一度だけだが、刑務所を出所した私たちの支援対象者とその母親を連れて、彼の出所のお祝いとして、いっしょに食事をしたことがある。

また、この一つ目のゲート付近では、刑務所当局のトップ（ジェネラルコミッショナー）を運ぶ車列を狙った自爆テロが起きたこともあった。このとき、私のことを守ってくれていたこともある護衛の人々は全員即死したが、防弾車の中にいたジェネラルコミッショナーだけは、重傷を負ったものの、生き長らえることができた。こうしたことからも、防弾車の重要性がよくわかる。

さて、二つ目のゲートを過ぎると、いよいよ最後のゲートへと至り、そこを抜けると、目の前には大きな刑務所の建物が建っている。刑務所正面の上部には、「モガディシュ中央刑務所」という文字と共に、ソマリアの大統領とモガディシュ刑務所当局のジェネラルコミッショナーの写真が飾られている。私たちはここで車を降り、階段を上って、刑務所の中へと入っていくことになる。この刑務所の中に、かつてアル・シャバーブに関係していた750名もの人々が生活しているのだ。

「おお、日本人か！　よしよし入れ」

私の姿を見かけると、門番の刑務官が気さくに話しかけてくる。

「そうそう、いつもの日本人が来たよ。今日も暑いねえ」

私たちは、かれこれこの刑務所で5年ほど仕事をしていることから、刑務所当局の関係者はもちろん、刑務官たちも私のことをよく知っており、毎回私が来る度に、歓迎しながらすんなりと刑務所の敷地の中に入れてくれる。敷地内に入るとすぐに荷物検査などをする検査場があるのだが、そこでは毎回、刑務官と私はお互いに和気あいあいと世間話をするような仲だ。

荷物検査が済むと、その奥にある普段は施錠されている門の扉が開き、ここからが晴れて受刑者たちが暮らすエリアとなる。門の扉をくぐり、廊下を右に曲がって少し歩くと、刑務所長の部屋がある。私たちはこの刑務所に来る度に、まずは刑務所長の部屋に行き、彼と少し話をしてから、仕事に移るのだ。

「オオー！　ヨスカー‼　ジャパニーズ‼」

刑務所長のダヒールは、私と同じくらい身長が高く、とにかく「巨漢」だ。私を見つけると、ガハハと笑いながら私の肩を叩《たた》いたり、防弾チョッキにパンチをしてきたりする。

ちなみに私の名前は「ヨウスケ」なのだが、英語で発音すると「ヨスケ」となる。しかしながら、この「ヨスケ」が外国人にはなかなか難しく、人によって大いに変化してしまうのだ。中でも多いのは、「ヤスカ」、「ユスフ」、「ヤクタコ」、「イェスカ」、そして「ヨスカ」だ。ダヒールはいつも、私のことを「ヨスカ」と呼んでくれる。

「さあ、ヨスカ、座れ、座れ。コーヒーとお茶、どっちがいい？」

「どっちでも嬉《うれ》しいけど、ダヒールが用意する飲み物はいつも恐ろしいほど甘いんだ。だから砂糖は絶対に入れないでほしい！　ノーシュガー‼」

「ヨスカ！　両方ともすでにたっぷりと砂糖が入っているから、安心しろ‼　よし、では、今日はコーヒーでも飲め。私はこのあと仕事があって忙しいが、お前たちも、うまく仕事をしろ。今、そこの鍵を開ける。……おい！　鍵はどこだ⁉　持ってこいファイサル‼」

非常に冷静でいて、いつも優しいファイサルは、ダヒールの付き人であり、二つ星の階級章を肩に付けている、刑務所当局の中でもまずまずランクの高い刑務官だ。このダヒールとファイサルが、いつも私たちのことを気に掛けてくれて、上手く取りはからってくれるので、私たちはスムーズに刑務所内を移動することができる。

特にダヒールは、私たちのことをたいへん評価してくれており、「多くの外国人たちは、ここまで単に視察に来るだけで、役に立つことは何もしていない」と批判しながら、その一方で、「ヨスカをはじめとするこの日本人たちだけが、実際にここで良い働きをしてくれている」と、刑務所のジェネラルコミッショナーや刑務所の管轄省庁の大臣などといった様々な人たちに対して、私たちの貢献ぶりを力説してくれてもいる。

また、あるときには、突然、ダヒールが私たちを刑務所の中にあるホールに連れていったかと思ったら、私たちに対する感謝の気持ちを伝えるためのセレモニーをサプライズで催してくれた、ということもあった。まさにダヒールは、ソマリアにおける私たちの父親のような存在だ。

受刑者たちとの対面

さて、刑務所長の部屋を出て、廊下をさらに先へと行くと、ようやく居房（いわゆる牢屋《ろうや》）があるエリアへと通ずる門へ至る。その門を刑務官に開けてもらい、いよいよ私たちは受刑者たちが暮らす場所へと入っていく。するとそこには、真ん中に大きな木が立つ広場が広がっており、その広場を取り囲むようにして、受刑者たちが暮らす居房がある。

広場には、居房から出ることを許された受刑者たちと刑務官たちが、のんびりと過ごしている様子が見える。木の下で休んでいる人もいれば、椅子に腰かけている人もいる。また、ところどころ部屋に敷かれるマットレスが天日干しにされているほか、竿《さお》に干された洗濯物が風にそよそよとなびいている。居房の前には、多くの黄色いタンクが無造作に並べられており、居房の中で使うための水を、外に出ることができる受刑者がその中へと注いでいる。ちなみにこのタンクの多くは、もともと市販されていた食用油用の容器である。このように、この刑務所では、環境に配慮したリサイクルもなされている。

受刑者たちの食事は、灯油タンクのような容器の中にその日のメニューが詰め込まれて、各居房へと届けられる。各居房へと届けられたあとは、各居房の内部で、うまく分け合いながら、皆が食事にありつくというわけである。

私は多くの受刑者たちにもよく知られている存在なので、私を見つけると、声をかけてくれる受刑者もいる。

「日本人！」

「ヨスケー！　こっちに来てくれ！」

「ヘイ、ヘイ、ヘイ、ヘイ！」

などなど、皆元気いっぱいだ。私も居房まで歩いていって、彼らと会話をしたり、親しみを込めたグータッチをしたりする。

こうした私の様子を見て、ときどき刑務官から、危険だからあまり受刑者たちには近寄りすぎないように言われることもある。ただ、もちろん安全には配慮したうえでのことではあるが、こうしたコミュニケーションを積極的に図ろうとすることは、彼らとの良好な信頼関係を築くうえで、やはり重要なことだと私は考えている。

この広場を取り囲むようにして建つ居房の区画は、この刑務所の中の、ほんの一部にすぎない。さらに刑務所の東西南北へとつながる通路がいくつもあり、その先には、祈りを捧《ささ》げるためのモスクや、終身刑を宣告された受刑者や死刑囚などが収容されている居房や懲罰房などがある。

また、受刑者たちのための料理を用意する調理場や、受刑者たちがプログラムを受ける教室、女性

モガディシュ中央刑務所の広場の風景。多くの受刑者たちは私と普段から接しており、私は彼らから「猫好きな日本人」として知られている。

用の居房エリアなどもある。これらに加えて、私たちが設置した子ども用の居房や病人用の居房、そして図書館などもある。また、この刑務所の内部のいたるところには、受刑者たちが使用できる屋根付きの休憩スペースがあるが、これは私たちの手によって設置されたものだ。そうしたこともあって、刑務所当局関係者が私たちへの敬意を込めて、私たちの名前や私たちのロゴマークを、刑務所の中のいたるところに、大きく書いてくれている。

さらに、先に述べた休憩スペースだけではなく、私たちが刑務所当局と掛け合ったすえに、居房の中にテレビを設置することができるようになったり、医者による受刑者たちへの定期的な診察が実現したりしたことなどもあって、私たちは、今では受刑者たちの多くから、たいへんポジティブな感情を持って受け止められている。

それこそ、私たちが最初にこの刑務所で活動を始めた頃には、居房の中から、受刑者から静かに中指を立てられたこともあった。「お前を殺してやる」というわけだ。ここはそもそも、外国人というだけで、彼らから敵意を向けられてしまうような場所なのだ。ただ、彼らがなぜ、私たちのような外国人に対してこうしたネガティブな感情を持つにいたったのか、その理由を十分に納得できるほどの壮絶な過去を、受刑者たちの多くが持っているのである。

はじめの頃は、この刑務所を訪れる度に、さすがに私もいささか緊張していたが、今ではすっかり受刑者たちとの良好な関係を構築することができている。やはり、何度も何度も、実際に自分から足を運び、彼らに顔を見せて、こちらから積極的にコミュニケーションを図るようにすることの大切さを、しみじみと感じる。

さて、このように、私にとっては、もはやこの刑務所は決して居心地の悪い場所ではないのだが、そうは言っても、やはり多くの現実的なリスクが、ここにも存在する。

まず、ここは、アル・シャバーブから常に狙われているということだ。これはソマリアに限らず、世界中の紛争地でも言えることだが、テロ組織を含む武装勢力が、刑務所にいる仲間たちを助けるために刑務所を攻撃するということは、多々ある。そうした事態を想定したうえで、この中央刑務所も含めて、外部からの攻撃に備えて数多くの防御施策がなされているのだが、それでもやはり、攻撃を受けて被害が発生するといったことが起きてしまう。

たとえば、２０２０年8月には、この刑務所の中で大規模な脱獄事件が発生した。これは、刑務所の厨房《ちゅうぼう》へと運ばれる食料の中にあらかじめ銃などの武器を隠しておいたうえで、それを中へと運び込み、携帯電話を使いながら外にいる仲間たちと連絡を取り合い、万全の準備をしたうえで、刑務所内で刑務官を襲ったというものだ。

このときは、刑務所の内側で攻撃が始まったばかりではなく、刑務所の外側からも攻撃が加えられた。また、刑務所内では、事件の実行犯たちが刑務官からさらに武器を奪うなどしながら攻撃を繰り返し、そこからますます激しい銃撃戦となって、少なくとも双方で20名の死傷者を出す大惨事となった。

そして、この混乱に乗じる形で、当時28歳だった青年一人が、刑務所からの脱獄に成功したのである。刑務所を出た後、彼はさらに政府軍兵士や一般市民数名を殺害し、そのままあらかじめ待ち合わせておいた仲間たちと連携しながら、逃走していった。私と同い年の彼は、もともとアル・シャバーブにいた青年で、逮捕された後で10年の刑期を言い渡され、残りの刑期は3年を残すのみというところで、この事件が起こってしまったのだ。彼は私たちのプログラムに何度か参加してくれていたこともあり、私も彼に対して親近感を覚えていたからこそ、無念であった。

彼はその後も逃走を続け、２０２1年3月には、ソマリア北部にある別の刑務所の襲撃にも加担して、数百名もの受刑者たちの脱獄を実現させた。アル・シャバーブから届いた犯行声明の中で、自らを「自由の戦士」と称していた彼は、今では刑務所を攻撃することに特化したアル・シャバーブの戦闘員となっているようであった。

また、別の例では、刑務所の視察に来ていたイギリス政府関係者が居房に近づいた際に、受刑者からカミソリで切り付けられるという事件もあった。大きな怪我には至らなかったが、やはり居房の中で過激性を内に蓄えている受刑者がいるということが、改めて認識された出来事だった。

なお、この刑務所の中では、受刑者が携帯電話を持つことは禁じられているが、隠し持っている人も多く、仮にそれを発見されれば、懲罰房に入れられることになる。それでも、彼らの多くが密かに携帯電話を隠し持っており、それを使いながら、時には外にいるアル・シャバーブの関係者とつながっているケースがないと断定することは難しい。

脱過激化・社会復帰プログラム

刑務所の中で受刑者の思想や行動が過激化するといった「刑務所における過激化」に関しては、刑務所当局としても深刻な問題であると認識している。環境が良くない刑務所の中では、理論的には受刑者の過激化が非常によく起きるという可能性が高いが、それを裏付けるように、実際に刑務所の中で過激化する人々が多数いるのである。

たとえば、１００人もの受刑者たちがすし詰めのようになって一つの居房に入っているという劣悪な環境の中で、過激な者が簡易的な「イスラーム法廷」を開き、それによって裁かれた受刑者がリンチのような暴力に遭うという事件もあった。

刑務所の中は環境が良いとは言えないことから、そもそも受刑者たちの不満不平がたまりやすいうえに、はじめから政府や社会、世界に対して憎悪の念を持っているような人々の間には、政府や世界は間違っていて、今こそそれらを打倒するべきであるという暴力的過激主義が浸透しやすい。もともとこうした思想を持っていたような人々が、さらに刑務所の中で、それを確固たるものにしてしまうのだ。

こうした事情もあって、私たちは刑務所の中においても、受刑者たちの脱過激化と社会復帰に向けた仕事をしている。その対象者の多くは、かつてアル・シャバーブに関わり、罪を犯して逮捕された人々であるが、刑務所当局からの要請を受け、その他の一般受刑者に対してもこのプログラムを開放している。この刑務所の中で、恒常的に受刑者たちに対して社会復帰に向けたプログラムを実施しているのは、私たちのみだ。

受刑者たちを対象とした私たちのプログラムは、まずは受刑者一人ひとりに対してカウンセリングをおこなうことから始まる。

「こんにちは、そしてはじめまして！　私はヨスケ。NGOで働いているだけの人間であって、政府の関係者でも刑務官でもないから、あまり緊張しないでね。これから君にふさわしいプログラムを組み立てていくからさ、今日はいろいろと話を聞かせてくれよ」

カウンセリングの対象者は一人だが、こちらは私のほかに、現地人スタッフが1名か2名加わっておこなう。対象者が安心して話をすることができるように、カウンセリングの際は、なるべく刑務官たちには同席しないようにお願いしている。ダヒールから、カウンセリングの際にはジュースを一本、対象者に差し入れることも許可を得ているので、対象者には、甘い炭酸飲料でも飲みながら、リラックスした雰囲気の中で、いろいろと話をしてもらうようにしている。中には、このジュースを目当てにカウンセリングを希望する受刑者もいるくらいだ。

カウンセリングではまず、対象者の名前や年齢、故郷、家族についてなどの基本情報を、時には冗談を交えながら、面白おかしく話し合う中で、聞き出していく。そして、これらの基本情報を聞き出した後は、対象者がアル・シャバーブに属していたときのことについて、慎重に探っていくことになる。たとえばこんな感じだ。

「君がアル・シャバーブに入ったのは、なるほど、２０１４年のことなんだね。当時、君はまだ16歳か。それは大変だったよな。きっと辛い日々を送っていたんだろうね」

「俺は、自分が望んだうえでアル・シャバーブに入ったわけじゃないんだ。俺の故郷が奴らのエリアの近くにあったことから、ある日、村の友達全員が奴らに強制的に加入させられてしまって、俺も仕方なく入るしかなかった。だけど、戦闘には、そんなに参加していないんだ。信じてくれ」

「もちろん、君のことを信じている。そもそも、私たちは君のことを、良いとか悪いとか、そんなふうに判断を下すようなつもりもないんだ。だから、君が話したくないことは、話さなくても大丈夫だよ。私たちはただ、君がしっかりと社会へ旅立っていけるように、君のことをもっと知りたいだけなんだ。こうして出会えたのも、何かの縁だと思うし、迷惑かもしれないけど、僕は君と友達になりたいとも思っている」

「もう、こんな刑務所での生活は嫌だ。俺はそこまで悪いことをしていないのに、ここに5年以上もいる。かけがえのない大切な時間を失ってしまった。俺にチャンスなんて、もうないんだ」

「そんなことはないさ。君がまたチャンスをつかめるように、私たちがここにいるんだ。さぁ、一緒にチャンスを取り戻そう。君はまだ、24歳だろう？　まだまだ若すぎて、それこそなんだってできる歳だよ（笑）。この期間に、しっかりと社会へと旅立つ準備をしていこうぜ」

「オーケー。神がそれを望むならな」

「神はそれを望むさ。大丈夫」

私たちのカウンセリングは、「ケアカウンセリング」と銘打っており、取り調べのように情報を聞き出すということに重きを置くのではなくて、その代わりに、彼らを文字どおり「ケア」するために、彼らが話したいことや主張したいことなどを、まずはただ、そのままこちらが聞くという姿勢で臨んでいる。それゆえに、私たちが彼らに聞きたかったことを聞くことができないまま、1回のカウンセリングが終わってしまうことも多いが、それでも、決して無理はしない。むしろ、会話の中で彼らが話したいことが出てきたときには、それを掘り下げていくようにしながら、どうにか彼らが前向きな気持ちになっていくよう、そっと背中を押していく。こうした1回20〜30分ほどのカウンセリングを、定期的に何度もおこなっていくのだ。

なお、各々の対象者がこれまでどのような罪を犯してきたのかなどの基礎情報については、すでに刑務所サイドから情報の提供を受けているが、その真偽のほどや、それらの基礎情報だけからはわからない追加情報を、さらに対象者から聞き出すということについては、私たちは重視していない。というのも、私たちの仕事は、彼らが若者として前向きな姿勢になって、社会に戻っていくように手助けをすることであって、そのためには必ずしも、彼らから情報をさらに引き出したり、その真偽のほどを確かめたりする必要はないからだ。

さて、この刑務所には、たとえばソマリア政府軍やアフリカ連合軍に仲間を殺されたことに対して恨みを抱いたことがきっかけとなり、自発的にアル・シャバーブに入って暴力的過激主義に染まってしまった受刑者たちも多数いる。そんな彼らであっても、深いところまで探っていくと、彼らがどれほど仲間思いで、そして愛情深いのかということが、見えてくる。だから、私たちのカウンセリングは、彼らの中の「歪《ゆが》んだ何か」を矯正するというのではなくて、彼らがもともと内に秘めている「優しさ」や「愛情の深さ」、さらには彼らが本当に「大切にしていること」などを、いっしょになって呼び起こしながら、彼らがテロリストではない形で社会に復帰できるように導くという姿勢を大切にしている。こうした私たちの姿勢を彼らに示すためにも、カウンセリングの始まりと終わりには、グータッチをするか、握手をすることも忘れない。

また、ここではケアカウンセリングのほかに、様々な基礎教育プログラムもおこなっている。基礎教育プログラムは毎日、朝からお昼までの時間を使い、1日4コマの授業をおこなう。科目はソマリ語、英語、アラビア語、化学、社会、算数、市民教育などだ。教科書は、ソマリアの学校教育で使われている教科書を使用し、修了すると小学校・中学校レベルの証書を出すこともできるようにした。また、すべての科目において期末テストが実施されており、その結果は、教室の廊下に張り出される。

ここで授業を担当する先生は、私たちが雇っている13人の模範囚たちだ。彼らはかつて教師をしていた経験を持つなど、ここでの授業を担当することができる能力の持ち主たちである。このうちの二人は、かつてアル・シャバーブに関係して罪を犯した結果、逮捕されてしまったという経歴を持つが、どうにか先生として起用されるよう、取りはからうことができた。

この二人は今、私たちのアシスタントとしても、日々あくせくと働いてくれている。また、ここにいる先生たちは、刑務所内にできた図書館の管理・運営においても、私たちを手伝ってくれているので、私たちの刑務所内部での取り組みには、もはや必要不可欠な存在だ。

そのうちの一人であるヌルは、もう30歳近くになる立派な青年で、ちょっぴり肥満体系ではあるが、とにかくいつも笑顔を絶やさないナイスガイだ。

「ヨスケ、飲み物を買ってきた！　それと、これがこの前のテストの結果だ！　この結果を見ることができて、幸せかい？」

と、本当にいつもニコニコしながら、私の隣にいてくれる。こんな彼は、もともと、弟がソマリア政府軍によって殺されてしまい、その絶望と政府に対する憎悪の念から、その勢いのままにアル・シャバーブに加入し、軍事訓練を経て、政府軍への報復攻撃を果たしたという過去を持っている。その後、ソマリア政府に逮捕されたのだが、このときの裁判の判決で言い渡された刑期は10年で、残りはいよいよ、あと1年となった。釈放後は、私たちの下で働きたいと言ってくれている。

この刑務所にいる私たちの大切な仲間と言えば、現地スタッフの一人であるアハメドについても、紹介しなければならない。彼は16歳のとき、海賊行為を行った罪で逮捕され、その後、刑務所などで合計8年間の服役をしたという過去を持つ。私は、彼が拘置所や刑務所にいた時代から支援してきたということもあり、彼との付き合いは長い。そうした縁もあって、刑務所から釈放されてから、しばらく地元の警備会社で護衛として働いた後、私たちのところに転職してきたのだった。義理固く、時間に厳しく、それでいて誰よりも深い優しさを持つ人物で、私が最も信頼しているスタッフの一人だ。

受刑者たちに施す教育プログラムが実施されている間には、彼も度々、受刑者たちに対して語り掛ける。

「俺は今、この国際ＮＧＯで働いているが、もともとは刑務所にいたんだ。海賊に加担し、８年間を刑務所の中で過ごした。そして俺は、刑務所の中で努力をして、新しい人間として生まれ変わったんだ」

こういう話をすると、聞いている受刑者たちが、一斉に目を見開く。「本当か」という表情で、口をぽかんと開けているだけの者さえいる。ここで、こんなにもきびきびと働くアハメドが、まさか刑務所に入れられていたことがあるなんて、誰も思わないのだろう。

「刑務所にいる間に、時間をどう使うかによって、その後の人生は決まるんだ。君たちにはここで、素晴らしいチャンスが与えられている。そうであれば、このチャンスをしっかり活《い》かして、自分自身を良い方向へと変えていこうぜ。そのいいお手本が、この俺なんだ。さぁ、みんな、いっしょに頑張ろう！」

アハメドを見ていると、常々、かつては犯罪の当事者であったという過去を持つ人が、いかに大きな可能性を秘めているのかということを感じる。「元海賊」や「元テロリスト」などというと、多くの人たちからすれば、なんともネガティブな経歴の持ち主のようにも思われがちであるが、そんな彼らにだからこそできることが、確かにあるのだ。私はそう信じているし、実際に、日々それを目の当たりにしている。

だからこそ、私が刑務所の広場で、時折受刑者全員に対して語りかけるときには、決まって次のようなことを話す。

「人生には良いときも悪いときもあるけれど、悪いときを経験してきた君たちだからこそ、これからできることが、確かにある！　ソマリアの平和を実現するためには、君たちがこれからどのように行動していくかが、大きな鍵なんだ！　ここにいる間に、みんなで良い方向へと変わっていこう！　そのために、私たちはここにいる！」

このようなメッセージを大声で、しかも、時にはソマリ語を使いながら、彼らに対して語り掛けている。

基礎教育プログラムの授業が終わると、昼食の時間だ。私たちは最低でも週3回、この刑務所に実際に足を運んでいるが、その際には基本的にいつも、昼食をここで食べるようにしている。最初の頃は、安全面に問題があることを理由に、現地スタッフたちから反対されたこともあったが、どうせなら、コミュニケーションを深めるためにも、彼らといっしょに同じものを食べるべきだと私が譲らず、今では決まって、ここで彼らといっしょに昼食を食べるようになった。

刑務所での食事というと、なんだか粗雑なものであるというイメージがあるかもしれない。もちろん、それは決して豪華なものではないし、栄養も偏ってはいるが、それでもビリヤニ、パスタ、アンブロなどの美味《おい》しい料理もあって、まずくて全然食べられないというようなことはない。料理には、バナナやレモンがついてくるときもある。

私たちは客人ということもあって、厨房で調理を担当する人たちも、みんな張り切って肉（ラクダの肉が多い）を私たちの皿の上に載せてくれるが、受刑者のみんなの皿には、そんなにたくさんの肉は載っていないようだ。

みんなで広場に座り込んで、のんびり手づかみで昼食を食べる。ときどき、受刑者のみんなが「おーい。うまいかー？」と、私に対して手を振ってくれる。こうした時間は、なんとも平和だ。ここは、おどろおどろしい刑務所であるとの評判もあるが、つぶさに見れば、そこには私たちと変わらない普通の人間たちがいて、私たちと同じように生きている。仕事場において、一生懸命に仕事をする時間だけではなくて、ただボケーっと、みんなでこうして昼食を食べるという時間の中にも、大切なことが宿っているようにも思えたりする。

何気なく交わされる雑談にしても、そうだ。

「ヨスケ、なあ、タバコを1本でいいからくれよ……。頼む！」

「タバコはダメだけど、カリカリ梅ならあげてもいいぜ。食べてみる？」

「なんだそれ？　おえええええ、ぺっぺっ！　日本のチョコレートは、こんなにまずいのか!!」

「これはチョコレートではないけど、俺たち日本人はこのカリカリ梅が大好きなんだ。シャリシャリしていて、食べ心地も素晴らしくないか」

このように、なんとも他愛のない会話ばかりである。ちなみに私はカリカリ梅が大好きで、どの現場に行くときも大量のカリカリ梅を持っていく。

こうした雑談や、私たちが彼らのことを心から思う姿勢を折に触れて示す中で、彼らにとって、私たちは決して敵ではないということが、徐々に伝わっていくのである。

イスラーム教再教育プログラム

受刑者たちの過激な思想を変えていく「イスラーム教再教育プログラム」については、この刑務所では、釈放まで1年を切っている20人ほどの集中クラスと、150〜200人規模の全体クラスに分けておこなっている。どちらもまずはイスラーム教に関するレクチャーをおこない、そこから受刑者たちも参加したうえでディスカッションをするという形式で、週に2回実施している。場所は、刑務所内の教室やモスクだ。

このイスラーム教再教育プログラムでは、先生として地域に住むイスラーム教のイマーム（指導者）を招聘《しょうへい》しているが、今では、シェイクサラッドとシェイクモハムードという二人のイマームに先生役を務めてもらっている。ちなみに、彼らの名前にある「シェイク」とは、イスラーム教のイマームにつける敬称のようなものである。

このように、イマームたちの協力を得ながら、私たちはイスラーム教再教育プログラムの合計12か月にわたるカリキュラムを構築している。そして、そのカリキュラムにしたがって、受刑者たちが暴力的過激主義から離脱することができるよう、実践を繰り返していくことになる。

このカリキュラムを作成するにあたっては、こちらから一方的に暴力的過激主義を否定して、イスラーム教の正しい理解を受刑者たちに教え込む、というのではなくて、あくまでも、受刑者一人ひとりが自分自身を通して、正しいイスラーム教の教えとは何かについて、しっかりと考えていくことができるように導いていくということを重視している。なぜなら、もし、そうすることなく、こちらから何かを一方的に押しつけるだけだとしたら、受刑者たちはそれに反発して、彼らの更なる過激化を招いてしまう恐れがあるほか、社会に出ていった後に、彼らが再び暴力的過激主義に傾倒してしまう可能性だってあるからだ。

さて、イスラーム教再教育プログラムにおけるディスカッションでは、参加者である受刑者たちからの質問を受けて、ディスカッションをしていくという形を取る。アル・シャバーブに関わっていた過去を持ち、そして今でも暴力的過激主義を多かれ少なかれ信奉している人たちからは、特に「イスラーム法」についての質問と、私たちのような「異教徒」や「外国人」についての質問が多い。

「真のイスラーム教徒であれば、守るべき法はイスラーム法のみだ。それなのに、なぜ政府はイスラーム法を国家の法とはしないのか？　それは、政府の人間たちがイスラーム教に背く背教者であるからに他ならない！」

「私たちは、異教徒や外国人について、どのように考えるべきか？　特にソマリアには、アフリカ連合軍という、ソマリアのためには一切良いことをせず、自分たちの利益のためだけにソマリアを食い物にしている外国人勢力が、今まさにいるのだ。どうして政府は、こうした異教徒や外国人を排除し

少人数のイスラーム教再教育プログラムでは、毎週2回、イスラーム法や聖戦などの重要なトピックについて、みんなでじっくりと考えていく。

ないのか？」

彼らのこうした主張が正しいか、あるいはそうではないかはさておき、皆真剣な眼差《まなざ》しで、必死になって質問を投げかけてくる。中には、感情的になりながら質問をぶつけてくる人もいる。こうした受刑者たちからの質問に対して、イマームたちが、次のように答える。

「イスラーム法は完全であり、イスラーム法には確かに神の英知が詰まっている。しかし、神は同時に神が創ったこの複雑な世界をうまく機能させるために、私たちに対して様々な知恵を与えてくれている。また、ヒントもたくさん与えてくれている。つまり、イスラーム法と世俗の法は、お互いに補完し合う関係なのだ。たとえば、誰かが死んだときには死亡証明書が必要となるが、それはイスラーム法には規定されておらず、世俗の法で規定されているので、それに従うことになる。こうした例は、他にはないだろうか？」

「たとえ異教徒であっても、彼らもイスラーム教徒と同じ人間であり、彼らの権利を神はしっかりと認めている。そして、外国人の中には、確かに私利私欲にまみれた人もいるだろうが、善良な外国人もいるのだ。たとえば、ここにいる日本人たちはどうだろうか？　彼らは異教徒であり外国人でもあるが、はたして私たちの敵なのだろうか？」

こうした形で、真剣なディスカッションが続いていく。

私自身も、このようなイスラーム教に関する議論には、よく参加している。時折、「イスラーム教の問題に異教徒が首を突っ込むな」と言われることもあるが、異教徒であり外国人でもある私の意見が加わることで、さらに濃厚で有益な議論になるのだと、私は考えている。また、イスラーム教を勉強している第三者という立場だからこそ、無邪気に鋭い質問や意見を投げかけることもできるのだ。

ディスカッションのテーマについては、暴力的過激主義に関しての重要なトピックを網羅的に扱っており、普段はこうしたテーマについて、ディスカッションすることが多い。時には、こうしたテーマのほかに、受刑者たちが、今後の人生において、自らよく考えることなく、誰かに付いていって悪事に手を染めてしまったり、他人に利用されてしまったりしないようにするために、「自分で考えること」の大切さをテーマにしたディスカッションをおこなうこともある。

あるとき、「自分で考えること」について、一とおりシェイクモハムードが説明をした後、何か質問はないかと参加者に投げかけたときに、最初に手を挙げた若者がいた。

「悪い目的のために自分を利用しようとする人に付いていくのではなくて、自分自身で物事を学び、そして考えることが大切だと、あなたは言った。しかし、私のような、何も持っていないような人間は、一体どうすればいいのか？　それでも皆同じように、それができるとでも言うのか⁉」

こちらに対する直線的な怒りではなく、ただただ、やり場のない悲しみを抱えながら、彼はこう、質問したのだった。

彼らの多くは、これまで悪い者たちから利用されるようにして生きてきて、自分で考える余裕など、決して与えられてはこなかったのだ。それどころか、そうできないように洗脳されてきた。彼らがどんなに辛く悲しい過去を持っているのか、それを思うと、私も泣けてくる。だから、「自分で考えることなどできるはずはない」と、彼らがそう思ってしまう気持ちもよくわかる。しかし、それでも、彼らが自分で考えることができるようになるよう、その助けとなるべく、ここに私たちがいるのだ。もちろん、決して楽な道のりではないかもしれないが、彼らはきっとそうなれると、私たちは信じている。

ある人が抱える辛い過去や厳しい現実に向き合うということは、まさにその人の人生そのものと向き合うことに他ならない。私たちが、かけがえのない仲間として、これから共に歩んでいこうとするのであれば、みんなで向き合い、考え、そして一歩一歩進んでいくしかない。こうした地道な努力を続ける中で、もちろん私自身も、彼らから学び、鼓舞されている。

受刑者を更生させるためのプログラムには、ほかにも、様々なものがある。一人の人間が変わっていくためには、実に多くのことが必要になってくるのだ。

たとえば、この刑務所には、職業訓練として、溶接や裁縫など4種類ほどのプログラムがあり、それらを補完するように、身に付けたスキルをどのように収入につなげていくかということを学ぶ「ビジネスマネジメントプログラム」をおこなっている。受刑者たちの中には、出所後に実行に移したいと考えているビジネスアイディアを持つ者は数えきれないほどいるが、具体的なプランまで作り上げていることは極めて稀《まれ》であり、彼らが刑務所を巣立っていく前に、しっかりと練り上げられたプランを作ったうえで、将来の失敗を防ごうとしているのである。

また、「幻滅対策ワークショップ」というプログラムも、定期的におこなっている。このプログラムでは、受刑者たちが社会に出ていった後に、どのような問題に直面するかを皆で考えながら、その対応策について、ディスカッションを通じて考えていく。

受刑者たちの更生と言うと、彼らに職業訓練を施したうえで、彼らが実際に職を得ることができさえすれば、それで達成できたと考える人も少なくない。しかし、ここは、暴力的過激主義組織がいまだ活発に活動を続けている、通常の世界とはかけ離れた紛争地である。紛争後の平和構築のフェイズにあるのではなく、今まさに紛争中のフェイズにあるのだ。こうした場所ではむしろ、受刑者たちにただ職業訓練を施すだけでは、予期せぬことが起きた際にうまく対応できないことが多く、その挫折から再び過激化してしまうこともある。だからこそ、そうした厳しい環境を踏まえて、彼らが経済的な面で自立できるように支援するだけでなく、心理的な面や社会に出た後に現実的にどう粘り強く生きていくかという社会的な面についても、しっかりとケアしていくことが欠かせない。

出所後も、おそらく彼らには厳しい人生が待っているからこそ、その困難の中で、どうやって自分の力で生きていくことができるのか、そのために必要な力を、あらゆる面から養っていくのである。ここで大切なことは、綺麗事《きれいごと》を言うことではなく、むしろシビアな現実を突きつけながらも、みんなでその対応について準備していくことなのだ。

出所の時を迎えて

さて、こうしたプログラムをすべて修了すると、いよいよ出所の時がやってくることになる。彼らがこの刑務所を出ていく際には、身元保証人の調整をして、それから、私たちがオリジナルに作成した「5か条の同意書」にサインをしてもらい、それと引き換えに、「社会復帰準備キット」を手渡す。

モガディシュ中央刑務所の場合は、いよいよ彼らが出所するという日には、最後に所長のダヒールからも、受刑者たちに向けて、一言挨拶がある。「もう、アル・シャバーブには決して戻るな」ということや、「この刑務所で学んだことを活かして、今後の人生をしっかりと生きていけ」というようなメッセージを伝えることが多い。

その後、受刑者たちを交えて記念写真の撮影をすると共に、彼らとしっかりハグを交わして、旅立ちを見届けるのだ。

受刑者たちが社会に出てからは、6か月から12か月の間、私たちが定期的なフォローアップをおこなう。彼らの近況をまめに確認しながら、彼らが何か困難な状況に陥っているようなときには、そうした困難を乗り越えていけるよう、しっかりとサポートしていくのである。受刑者たちが出所した後は、私たちは、彼らの一人の友人として、彼らの人生を支えながら、同じ時間を共に生きていきたいと思っている。

受刑者たちが、より良い社会生活を送ることができるようにするためには、刑務所やリハビリテーション施設で彼らの更生を手助けしていくだけではなく、それと同時に、彼らが巣立っていく社会へ働きかけていくことも必要だ。

そこで私たちは、社会の側にいる人たち、たとえば政府関係者やイスラーム教指導者、若者、市民団体、現地NGOなどの各代表者たちの協力を得ながら、「和解に向けた対話セッション」を、最低でも半年に1回はおこなっている。そしてこのセッションには、プログラムを終えた受刑者や投降兵の有志たちにも参加してもらっている。セッションのはじめには、私や政府関係者などによって、このセッションの目的や、私たちが目指すべき社会のあり方などについて、熱く語りかける。テロや紛争のない社会を実現するためには、まだ紛争が終わっていないうちから、武器を置いた紛争当事者と彼らを受け入れるコミュニティや社会における和解について考えていかなくてはならないのだということを、彼らにしっかりと理解してもらうのである。そのうえで、投降兵や受刑者の声や彼らの背景も聞きながら、みんなでどのように和解を実現することができるかを考えていくのだ。

2021年の暮れにおこなったセッションでは、社会の側から25名の参加者が予定されていた。しかしその日の朝、参加予定者の一人が会場に向かっている途中で自爆テロに遭遇し、そのまま死亡してしまうという事件が起こった。

　このときは、参加者予定者の一人が死亡するという異常事態ではあったが、「それでも、このセッションは予定どおりおこなうべきだ」との声が大きく、セッションはおこなわれることとなった。このとき死亡した参加予定者の妹は、最初は泣きながらこのセッションに参加していたが、その痛々しい姿を見て、私もなんと残酷なことだろうかと思わざるを得なかった。

　しかし、たとえこのような状況の中にあったとしても、なぜこうしたセッションをあえておこなうのかと言えば、それがまさに、テロや紛争のない社会を実現するために、とても有効な試みであると信じているからだ。かつて投降兵や受刑者だった人たちが、声を震わせながら、時には、なぜ自分たちがテロ組織に入ることになったのか、また、そのときはどんな気持ちだったのか、そして、今では社会で暮らす一人の市民としてどうありたいのか、などについて、真摯《しんし》に語る。それを、彼らを受け入れる社会側の代表者たちが、真剣に聞いたうえで、各々が「和解」や「平和」を実現するために、いったい何が必要であるのかについて考えていく。深い悲しみの中にあっても、こうした試みを続ける勇気があるのならば、過酷な紛争地という現場にあっても、きっとなんだって乗り越えていけるのではないかとさえ、私には思えるのだ。

「もし自分の親族が殺されたとしたら、私は殺した人間を許すことはできない。ただ、それでも、そうした現実に対して、私たちがどうあるべきかについて、考えてみたい」

「自分は親族を殺されたことがあると誰かが言っても、ここでは、みんな何かしらを失っている。それが現実なんだ」

「イスラームの名の下に、和解を進める必要がある。まずは私たちから始めるべきなのではないか？」

「誰かがかつてアル・シャバーブに属していたと言っても、それは過去のことよ。リハビリテーションが終わって社会へと旅立ったのであれば、私たちはみんなで彼らを受け入れてあげるべきだと思う」

一人ひとりが、みんなの前で、次々とこうした意見を発表していく。中には、社会の側の人の発表を聞きながら、涙を流している元投降兵もいた。ここでは、誰もが皆被害者なのかもしれない。誰もが傷ついているからこそ、お互いに協力し合いながら、みんなでその傷を癒やしていくことが求められているのだ。

2022年の1月のセッションでは、モガディシュ市役所で若者関係の担当を務めているマカランが、

「こうした機会を作ってくれたアクセプト・インターナショナルに対して、感謝の気持ちを表したい。こうしたセッションは、まさに今、ここでは必要なことだ。おそらく、ヨスケはすぐ死んでしまうだろう。それでも、危険を承知で、こうした対話の機会を作ってくれているんだ。皆、彼に心からの拍手をしよう」

こう言うと、みんな大いに頷《うなず》きながら、万雷の拍手を送ってくれた。「勝手にすぐ死ぬことにす

るなよ」と心の中で突っ込みながらも、自分がここでやっていることは、決して間違ってはいないんだと、少しこの仕事を誇らしく感じられた瞬間でもあった。

こうした仲間たちに支えられながら、投降兵や受刑者だった彼らは、テロリストとしてではなく、善良な「若者」としての新たな人生を歩み始めていくのだ。それはきっと困難の連続だが、一歩一歩、確実に前へと進んでいくことだろう。

受刑者たちのその後

こうしてすべてのプログラムを修了した人々は、その後、実に多様な人生を送っている。

たとえば、24歳のアブディカーディルは、故郷がまだアル・シャバーブに支配されていることから、首都モガディシュで新生活を始めることに決めた。最初の頃は、私たちも彼が住む家や生活の場をどうするかについて相談に乗ったり、実際にそれらの調整をおこなったりしていたが、今では念願だったバイクタクシーの運転手になり、モガディシュとアフゴエという町をつなぐ道を、日々走り回っている。

社会に出た後は、そのすべてが嬉しくて、服を買っては、それを自撮りした画像やTikTokに投降した動画を私たちに送ってきたり、夕食を食べながら電話をかけてきてくれたりと、本当に楽しそうだった。最近、バイクで接触事故を起こしてしまい、日本円にして約5万円の罰金を支払わなくてはいけないことになったという相談が寄せられ、故郷にいる彼の母親とも連絡を取り合いながらその対応をしたものだが、今では、もう二度とそうしたことがないように、よく気をつけて運転しているとのことだ。

一度、ソマリアの国営放送のニュース番組の中で、彼がモガディシュの道路についてコメントしている映像が流れたことがあったが、それを今でも、たびたび私たちに対して嬉しそうに自慢してくるなど、茶目っ気たっぷりの青年だ。

また、ムミンという刑務所出所当時22歳だった青年は、アル・シャバーブに属していた時代には、戦闘員というよりも、アシスタント要員として、時には戦闘員たちのために料理を作ることにも従事していた。そんな経験もあってか、社会復帰に向けたプログラムの期間に彼が見出した夢は、将来は自分のレストランを持つということだった。

彼はこの夢の実現に向けてしっかりと準備をしていき、社会に出た後は、多くのローカルレストランを渡り歩きながらそこで働き、ついには、モガディシュの大通りにある人気レストランに、ウェイターとして就職することが決まったのだった。私がたまに、そのレストランまで彼の顔を覗《のぞ》きに行くと、決まって私にコーヒーをご馳走してくれたものだ。私がお金を支払おうとすると、「いいんだ、いいんだ」とニコニコしながら、いつもおごってくれるのである。

その後、彼はその働きぶりが評価されて、なんと、レストランの副マネージャーに抜擢《ばってき》されることになったのだが、これには私たち一同も、大いに驚いたものだ。しかし、そのおよそ半年後、店主と地主との間で対立が起きたことから、なんとその人気レストランは閉店に追い込まれることになってしまった。これにより、ムミンは突如として無職になり、それこそ、当初は相当に落ち込んでいた。

しかし私たちは、人生には、時にはこうした困難が訪れることだって、すでに想定している。人生は困難の連続であるということは、プログラムを通じて、みんなしっかりと学んでいるのだ。だからこそ、彼も今は、両親と共に暮らしながら、前向きに、新たなきっかけを探している日々だ。もちろん私たちも、彼に対するフォローを忘れてはいない。今は、私たちが彼にコーヒーをおごる番だ。

このように、時には様々な挫折や困難を経験しながらも、社会の一市民として、しっかりと地に足を付けて新たな人生を歩んでいる人たちがいる一方で、残念ながら、出所後に再び、アル・シャバーブへと戻っていってしまった人もいる。

たとえば、ファラとアリという二人である。二人とも、刑務所での社会復帰に向けたプログラムの期間に、他の受刑者たちと比べて、より暴力的過激主義的な傾向が強いことが見受けられていたが、それでも、私は一個人として、彼らと良好な友人関係を築いていけるよう、努力を惜しまなかったつもりだ。だが、そうした努力もむなしく、彼らはアル・シャバーブへと戻っていってしまったのである。

その決め手は、彼らの身元引受人となった彼らの親が、アル・シャバーブとまだ関係を保っていたことにあった。残念ながら、刑務所を出た後に自分の故郷に帰るというケースにおいては、その故郷がまだアル・シャバーブの支配領域だったり、支配領域の近くであったりする場合だと、こうした結果となってしまうこともある。

彼らの電話番号も、今はすでに変えられており、こちらからの電話はつながらない。彼らが刑務所を出る際に渡している「緊急連絡先リスト」には、私たちの電話番号やメールアドレスが載っており、それらは今でも変わっていないので、いつか彼らがそれを見て、私たちに連絡をくれたらいいなと思う。それは甘い考えなのかもしれないが、再びアル・シャバーブへと戻っていってしまった彼らが、もう二度と変わることができないなどと、私は思わない。たまたま今は、彼らはそういう生き方をすることしかできないだけだと思うのだ。いつかどこかで彼らと再会することができたならば、そのとき私は、彼らの古き良き友人として温かく接するつもりだ。

これまで紹介してきた人たちのほかにも、本当にたくさんの人々が刑務所から出て、自分の人生を生きている。

トゥクトゥクのドライバーになったアブディや、ラクダを家族といっしょに育てているオスマン。農家になってバナナやレモンを栽培しているイブラや、アイスクリーム屋をやりたいと言いながらも、結局は家族のお店を手伝うことになったロブレ。イスラームについてもっと勉強したいと言って、マレーシアへの留学を夢見るモーンキーや、片足が義足でありながらも、地元のパソコン教室で先生となったファンタスティック。政府軍の兵士となったハッサンや、友人と共にトゥクトゥクを購入してそのドライバーとして働き始めたイスコー。さらには、ひとまず休みたいということで、ただのんびりと過ごしているモハメッドや、女性用のサロンで働き始めた2児の母アイファもいる。みんなそれぞれ、第二の新しい人生を生きている。

私の方は私の方で、日々忙しく働きながら、私自身の人生を生きている。こうしてそれぞれが自分

かつてテロ組織の戦闘員だったイスコーは、今ではトゥクトゥク（電動三輪車）のドライバーになった。まだローンは残っているが、前向きに日々を生きている。

自身の人生を生きる中で、互いの人生が少しだけ交差したときに生まれる喜びは、この大きな世界の中で、最も大きな生きる喜びの一つなのではないだろうかと思う。

決して、私たちが「彼らを変える」のではない。彼らが自分自身で努力を重ねていく中で、自分なりに何かに気がつき、考え、そして自らの人生を自らの力で生きていけるように、「自分自身で変わっていく」のだ。それこそが、真に彼らが脱過激化を実現させて、前向きに社会へと復帰していくことにつながるのだろう。私たちはただ、いつまでも彼らの良き友人であり続けようとしているだけなのかもしれない。

そして、そんな彼らの姿を見ながら、彼らの友人である私自身が、彼らから何かを学び、そして何かを感じ、自分自身の人生を、今日もこうして生きている。

第4章◎ソマリアギャングからの教え

私の生い立ち

私たちの仕事は、なんとも珍しいものだ。日本の団体に所属する日本人が紛争地の現場へと赴き、テロ組織から投降を引き出し、投降兵や逮捕者に対して様々なケアを施していくという私たちのような仕事は、本当に他には類を見ない。

また、そもそもこうした仕事は、社会的に認知されてもいない。たとえば、私が紛争地の現場から日本に一時帰国している際に、マスコミから取材を受けることもあるが、私の肩書きをどうするかについて、いつもひと悶着《もんちゃく》がある。私としては、あくまでも「NPO法人アクセプト・インターナショナル代表理事」という肩書きで基本的に仕事をしているのだが、取材をする側からすると、それでは何だかよくわからないというのである。その代わりに、医師や弁護士というような、もっとわかりやすい肩書きはないのかと問われることになる。

さらには、時には単に「NPO法人代表」という肩書きにされてしまったこともあった。NPO法人といえども、それこそ星の数だけその活動の分野があり、こと日本においては、「医療」や「福祉」、そして「子ども」や「街づくり」といった分野が、圧倒的に多い。こうした分野は、私たちの活動する分野とは、あまりにも内容がかけ離れているため、単に「NPO法人代表」とされてしまうと、誤解を招く恐れもあるから、私としてはあまり納得がいくものではない。

また、あるときには、「紛争解決活動家」とか、「テロ・紛争解決スペシャリスト」などという、変わった肩書きが作られてしまったこともあった。私からすると、「活動家」という言葉も何だかピンとこない。また、もちろん私たちはプロではあるが、何をもって「スペシャリスト」を名乗るのかということについても、今一つしっくりとこないのである。

このように、社会的に見ても、周りから納得してもらえるようなわかりやすい肩書きが、私にはないのである。

実際、私たちの仕事は、軍事的な領域の業務も多いし、また、はたから見れば刑務所の刑務官のような業務もあれば、福祉事業所で困っている人を総合的に支援するケースワーカーのような業務もある。このように、私たちの仕事は、一般の人たちからすれば本当に珍しくて、よくわからないものであることは、間違いない。

しかし、珍しくてよくわからないというだけならまだしも、それでいて、様々なリスクと向き合わなくてはならない仕事でもある。

紛争地におけるテロや紛争の解決は、ぜひとも実現すべき課題だ。また、こうした活動ができる人は少ないからこそ、私たちはあえてそれをやるわけだが、私は何も昔から、こんな珍しくてよくわからないようなことをするような人間では全くなかった。

私は、神奈川県海老名市という典型的なベッドタウンのはずれで生まれた。最寄り駅からは徒歩20分ほどの距離に位置する、絵に描いたような住宅街である。

私の両親も、全く国際的な人ではなかったし、宮城県出身の父親は大学まで出てはいるが、誰もが知るような優秀な大学を卒業したわけではなく、勤務先はごくごく普通の会社だった。また、栃木県の山奥で育った私の母親にしても、ごく普通の主婦であり、もちろん家族の誰もが英語を話すことなどできなかったし、外国人の知り合いや友達などもいなかった。

だからこそ、両親には、せめて子どもたちだけは優秀に育てたいという気持ちがあったのかもしれないが、五つ年上の私の兄は、そうした両親の期待にこたえるようにして、一生懸命勉強し、両親ともうまく付き合いながら、優秀な高校へと進み、そのまま大学にも進学していった。

そんな家庭にあって、私は兄とは全く違っていた。もともとの性格によるところもあるのかもしれないが、勉強なんていうものはしなかったし、むしろ、勉強なんてしていたらダサい、などとさえ思っていた。また、いかに勉強をサボるかということばかり考えていたので、友達といっしょになって、どれだけうまくカンニングができるか、その知恵を磨いていた時期もあったほどだ。このようなわけで、とにかく学力は低く、偏差値にしてもいつも40前後くらいしかなかった。

さらには、地域的にも、周りに素行不良な生徒が多かったという影響もあってか、私自身もかなり荒れた生活を送っていた時代もあった。

私の通っていた小学校は、当時学級崩壊しており、私たちを担当する先生は1年で2回も替わってしまった。転勤などではなく、荒れた学校で教師を続けることによって心身共に疲弊してしまい、教師という職自体を辞めてしまったそうだ。荒《すさ》みきった教室の中で、自分にはもうどうすることもできず、女性の教師がただただ泣いていたのを、今でも覚えている。

子どもの頃は、私は友達といっしょになって、道ばたに置いてあるカラーコーンを燃やしたりするなど、悪いこともたくさんした。

対人関係で言えば、喧嘩の延長から、みんなで誰かをいじめたこともあったし、逆に誰かからいじめを受けたこともあった。また、誰かと殴り合いの喧嘩をしたことももちろんよくあった。私が今のところ人生で唯一骨折をしたのが、喧嘩の際に右肘《みぎひじ》を剥離《はくり》骨折したことであった。このときは相手も膝を負傷するなど、痛み分けとなったのだが。

また、家庭の中でも、私はいろいろな意味で荒んでいた。更年期を迎え情緒が不安定になっていたと思われる母親からは、私が中学生の頃までは、私が何か母親の気に入らないことをするたびに、よく殴られていた。また、私が何か悪いことをしたと言っては、警察に通報されることもあったが、その報復として私が母親を警察に通報したこともあった。さらには、私が大切にしているものを勝手に捨てられてしまうこともあったから、私もその仕返しとして、母親が大切にしているものを盗んだり、捨てたりしたこともあった。

私はよく、両親からすれば手のかからない5歳年上の兄とも比較されては、「下の子は大変ね」だとか「お前は何をやってもダメだな」などと言われながら育ってきた。そうやって、自分のことを「ダメな奴」と決めつけるような両親や近所の人などの大人に対して、私は大いに腹を立てていたし、反発してもいた。

こうした中、私が高校生くらいになって体が大きくなってからは、今度は私が、母親のことを殴りまくるようになった。これまでさんざん殴られてきたのだから、これからは私が母親を殴ってやる番だと真剣に思っていたのだ。

こうした荒れた生活が続く中、父親が単身赴任先から家に帰ってくると、母親からあることないこと告げ口されて、「母親に手を上げるなんてとんでもねえ」と、今度は父親との喧嘩が始まった。父親からは、「一体誰の金で飯を食ってると思っているんだ！」などとよく言われたが、私は私で、「誰もお前たちに生んでくれと頼んだことはない！」と、本気で思っていたし、実際にそう怒鳴り返してやったりもした。

そんな生活が続く中でも、私は小学校から高校を卒業するまでの間、途中、サボったりしたこともあったが、バスケットボールだけはずっと続けていて、見るのもプレイするのも好きだった。

また、勉強は嫌いだったが、カードゲームや携帯ゲーム、漫画を読むことは大好きだった。もちろん、それまではボランティア活動なんてしたこともなかったし、「国際」と名の付くような活動にも一切興味がなかった。というよりも、そもそもそうした活動に触れる機会も、全くなかったのである。

中学生のときは内申点が低く、私が行けるような高校は、かなり限られてはいたが、定員割れで倍率1・0倍そこそこだった男子校に何とか進学することができた。そしてこのときの学費は、あれほどまでに私と対立していた両親が黙って出してくれていた。私自身が大人になってみて、あんなにも憎しみ合っていたけれど、彼らは私にとってやはり親ではあったのだなと、遅まきながら、今にして思うこともある。

ツバル沈没の衝撃

さて、この高校時代に、私は自分を変えるいくつかのきっかけに恵まれた。もっぱらくだらない遊びやバスケットボールばかりしていたが、高校2年生の夏休みの間、2日間しかない貴重な部活の休みの日を使って、家のパソコンで調べものをしていると、太平洋に浮かぶ小さな島国であるツバルが、海水面上昇の影響により、やがては沈んでしまう運命にあるということを知ったのだ。「Yahoo!ニュース」のトップページに出ていた記事で、偶然、なんとなくクリックして読んだものだった。

詳しいことはさっぱりわからなかったが、「国が沈んでしまう」ということに、シンプルに衝撃を受けた。それまでゲームや漫画で育ってきた私の脳からは、「1、2の3!」で、国がずぼっと一気に沈んでしまい、そこにいる全員が死んでしまうというイメージがあふれ出したのだ。

もちろん、実際にはそんなふうにして、一気に国が海に沈んでしまうというようなことはなく、じわじわと沈んでいくので、そこに住む人々は近隣国に移動したりすることもできることから、全員が死んでしまうということは全くない。しかし、このときはまだ、ただの頭の悪い高校2年生だった私には、国が沈んでしまうというのなら、さすがにこれはなんとかしなければいけないと思ったのだ。

そこで、それに対して自分に何ができるというわけでもないだろうが、まずはツバルへの行き方を調べてみたりした。だが、そもそものときの私には、ツバルに行くためのお金もなければ時間もないということで、結局は何をするというわけでもなく、そのまま日常の生活へと戻っていった。

このときは、何か具体的な行動に移すということまでには至らなかったが、ツバルが沈んでしまうという衝撃をきっかけとして、これまではとかく自分のことしか考えていなかった私が、なんとなくではあるが、自分以外の他人のことも考え始めるようになっていった。それまでは、自分以外の人たちは全員、ゲームの中の登場人物のように、どこか自分とは違った世界の住人であるかのように感じることもあったが、これを契機に、なんとなくではあるものの、他者について、自分と同じ世界に住む人間として、その輪郭をしっかりと感じ始めたように思う。なぜそうなったかは、正直に言ってわからない。ただ本当に、ツバルのことを考えたときから、自分ではない他者について、初めてしっかりと考え始めるようになったのだ。

そして、私は今まで、一人ひとり独立して自由に生きている他者に対し、なんて身勝手なことをしてきたのだろうと、遅ればせながら強く反省し始めることとなった。こんな愚かな生き方を続けていてはだめだと、腹の底から思ったのだ。

そこで、高校の先生に相談するなどして、自分がどう変わることができるのか、模索し始めた。また、以前、喧嘩やいじめのトラブルがあった同級生のところに行って、かつて自分が彼らにしてしまったことについて、謝ったりするようなこともし始めた。同級生の家まで行き、インターホンを押そうとしても、それがなかなかできずに引き返す、ということも何度か繰り返した。そして、その帰り道に偶然その同級生に遭遇し、謝ることができた、などということもあった。

さらには、私が通っていた高校は、なんとなく運動部に所属している生徒だけが目立つような学校だったが、そんな中でも、あまり目立たないような人たちと、あえて仲良くするように意識するようにもなった。

他愛もないことのように思われるかもしれないが、自分を変えるために何ができるだろうかと、自分なりに必死になって考え、そして行動に移していった。そうした中で、今まで自分が他人を傷つけてしまってきたことに対する罪滅ぼしではないが、これからは少しでも、世のため人のためになるように生きていくんだと、心に決めた。また、そのためにも、大学に行ってしっかりと勉強するぞと強く決意もした。

しかしながら、荒れ果てた生活を繰り返し、ろくに勉強などしてこなかった私には、もちろん学力などはさっぱりなく、そのときの偏差値は、38だとか40ちょっとというレベルだった。こんなわけで、大学に行くぞと決意はしたものの、現役で受けた大学は、結局すべて落ちてしまった。

その悔しさもあって、これからは本気で勉強するぞと、改めて決意し、浪人生活を始めた。浪人生活中は、これまでにないほど、猛烈な勢いで勉強した。一日に最低でも12時間くらいは勉強をしていたし、その結果、模擬試験の成績もグングンと伸びていった。今でも私は、この浪人生時代に、一日14時間でも15時間でも勉強をすることができたという事実が、自分にとっての大きな自信になっている。あの当時、あれだけのことができたのだから、今の私にもできないはずがない、というわけだ。

また、この浪人生活の中では、世界史の資料集の最後のページに載っていた、１９９４年のルワンダ大虐殺についての記述が、受験勉強を頑張るための、一つの大きなモチベーションになっていた。どうせやるなら、一番困っている人や、一番大変な思いをしている人たちを助けるために生きるのだと思い立ったからこそ、このルワンダの大虐殺をどうにか自分の手で解決しようと思いながら、受験勉強に励んでいたのだ。

このようにして、１年間の浪人生活を経て、私は何とか無事に大学へと進学することができた。こんなことはさして重要なことではないが、このときの私の偏差値は、当初の40前後から73ほどにまで伸びていた。

ソマリアとの出合い

そして、いよいよ大学の入学式を翌月に控えた2011年3月11日、あの東日本大震災が発生した。その結果、大学の入学式は延期になってしまったが、大学では、被災地である気仙沼や陸前高田において瓦礫《がれき》撤去を手伝うボランティアを募集することになり、私も週末になるとこれに参加していた。

また同時に、ルワンダの大虐殺をどうにか解決するべく、ルワンダについていろいろと勉強をしたり、大学入学後の最初の夏休みには、実際に現地に渡航したりもした。だが、ルワンダでの大虐殺は、もちろん今でもその傷跡がいくつか残されてはいるものの、とっくの昔に終わっていたのだ。

こうした現実に、半ば肩透かしに遭ったような気持ちを抱えながら、何かに導かれるようにして、帰りに一人で隣国ケニアへと立ち寄った。そこで、ソマリアからの移民や難民の方々を目の当たりにする機会があり、ソマリアという国のことを初めてしっかりと知ったのであった。

調べてみると、ちょうど2011年の夏、ソマリアでは大飢饉《だいききん》が起きていた。この未曽有《みぞう》の大飢饉では、結果として約26万人もの人々が亡くなってしまったのだが、このときは、日本はもちろん、世界中の人々が、東日本大震災が起こった東北と日本のことばかりに注目し続けていた。

その一方、ソマリアは、当時「世界で一番危険な場所」などとも言われており、危険すぎて、誰にもどうすることもできない、といった状況であった。実際、諸外国からの支援も大きく不足していたし、誰かから平和を願って祈られることすら、なかったのである。

単純に死者数だけで比較することに意味はないが、それでも約26万人もの人々が死ぬような大惨事が起きているにもかかわらず、ただそこが危険であるという理由だけで、誰からも、見向きもされていないという現実があった。それならば、このソマリアの悲劇を何とかすることこそ、自分が果たすべき使命ではないかと、心に強く思ったのだ。

失うものがないということもあって、私は当時から行動力だけはあった。それゆえ、そうと決まれば、大学の先生はもちろん、国際系のＮＰＯ法人などにも話を聞きに行くなど、自分の使命を果たすべく、さっそく行動を開始した。

「今、まさにソマリアで死んでいこうとしている人々を、どうにかして救いたいんです。いや、どうにかしてでも、救うべきだと思うんです。そのためには、私は一体どうすればいいのでしょうか？というよりも、そもそも、あなた方はそうした取り組みについて、何かやってはいないのですか？」

このような、今にして思えば、相手に対してあまりにも無礼かつ、稚拙な質問を繰り返していたのだが、とにかく自分は何かをするべきだと考え、いろいろな人たちに対してこうした質問を投げかけていったのだった。

そして、私の話を聞いた相手からはすべて、「ソマリアだけはやめておけ」と忠告されることになった。ソマリアは世界中の誰からも相手にされないほど危険すぎる場所なのに、一体君に何ができるのか、というわけである。英語も話せないうえに、紛争地どころか開発途上国で活動した経験もないのに、そんな人間がソマリアに行ったところで、かえって周りに迷惑を掛けることになるだけだよ、と。

また、ソマリアのような難しい場所で活動するためには、高い語学力と高い専門性、そして、10年以上の開発途上国での活動経験の三つが必要だ、とも言われた。こうしたことを大人たちから言われるたびに、私は強く憤っていた。なぜなら、ここに挙げた三つのことなど、私に忠告をしてきた大人たちなら、誰でも持っているものだったからである。それなら、「あなた方は、なぜそれをやらないのか」と、相手に対して問い詰めたくもなった。

結局のところ、何か難しい問題に直面した場合において、それを「できるか」「できないか」は、あまり重要ではなくて、「やるか」「やらないか」という意志の部分によるところの方が、はるかに大切なのではないかと、当時まだ大学1年生の若輩の身ではあったが、私はそう悟ったのだ。それならば、自分がやると心に決めた。そして、このときの決心こそが、今の私の仕事につながる直接のきっかけとなったのであった。口先だけの大人たちは、もういい。英語も話せないし、専門性もなく、経験もないが、それでも私はやる。まずは、そう決めた。こうして私は、「ソマリアを救う」という使命を持つに至り、その実現に向けて、行動し始めたのである。

さっそく仲間を集めるべく、大学で同じ講義を受講している友人や、紛争孤児として大学に留学にやってきた現地の人などに対して、私の活動に賛同して協力してくれるように、口説きまくっていった。

また、ソマリアでの活動についてのビラを作り、大学のロビーやラウンジのテーブルの上に撒《ま》いていくと共に、掲示板にもどんどん貼っていった。掲示板は、無許可で貼られたチラシはすぐはがされてしまうのだが、そんなことにはめげずに、私は何度でも貼るということを繰り返した。

そうした努力も実って、２０１１年9月に、私は「日本ソマリア青年機構」という学生ＮＧＯを立ち上げることができた。当初のメンバーは全員大学1年生で、ずぶの素人ばかりであった。自分たちに何ができるかはわからなかったが、何かをやるべきだということだけは、わかっていた。こうして私たちは、口先だけで実際には何もしようとはしない大人たちに背を向けるようにして、がむしゃらに動き始めたのだ。

ちなみに、この時期に私たちを応援してくれた大人たちも、その数は極めて少なかったが、確かにいた。たとえば、アフリカで活躍する建築家の坂田泉さんや、大学で平和構築などを教えていた山田満先生などである。こうした諸氏には、たいへんお世話になり、今でも感謝している。このときは、諸氏からソマリアでの活動について、何か具体的なことを教えてもらったというわけではなかったが、諸氏による薫陶が私の背中を押してくれたことは確かだった。

とはいえ、大学1、2年生の頃は、それほど見るべき成果を挙げることはできなかった。この頃、主に私たちがやっていたことといえば、ソマリアについて「知る」「学ぶ」ということと、ソマリアの紛争孤児たちをもっとたくさん日本に連れてくるように取りはからうということ、そして、サッカーがソマリアでは人気があると聞いたので、サッカー用品を日本で集めて現地に送るということであった。

このときはまだ、ソマリアには危険すぎて実際に行くこともできてはおらず、多くのソマリアからの難民が流れている隣国のケニアを拠点として、私たちは活動をしていた。

もちろん、こうした活動に意味がないとはいえないが、ソマリアで今もたくさんの人が死んでいるというのに、それに対して何も行動を起こさない大人たちを批判しつつ、彼らがやらないことを自分たちはやるのだと威勢を張っているのにもかかわらず、実際には誰一人として助けることができていない現状に対して、私自身が一番忸怩《じくじ》たる思いだった。

それに加えて、よくよく考えてみると、仮に私がソマリアでまさに死にゆく人の側《そば》に行くことができたとしても、そこで自分にできることなど、実は何もないということにも、気づいてしまった。今、まさに死にゆく人を救うことができるのは、結局のところ、医者しかいないのではないかとも思った。

そこで私は、自身が医学部に編入するという道も、探り始めていた。東海大学と群馬大学の医学部への編入試験については、理系科目の選択が必要なさそうだったので、特に真剣になって詳細について調べてみた。しかし、仮に編入できたとしても、そのときの私には高額な学費を払うこともできなければ、そもそも、医学部編入という恐ろしく高い倍率をくぐり抜けられるほどの能力は自分にはないのではないかとも、同時に思ってもいた。

そんな中、医学部に通う日本ソマリア青年機構のメンバーに対して、私の葛藤について打ち明けてみることにした。すると彼女は、「医者なんて、紛争地ではできないことばかりよ」と説明してくれたのだった。考えてみれば、それもそのはずで、医者だからといって紛争地において万能なわけではない。医者にできないことだって、たくさんあるはずなのだ。そうであれば、私は「医者ができないこと」をやればいいじゃないかという結論に至った。紛争地での仕事を志す若者の中には、医学部に行く学生だってたくさんいるだろうし、また、医者にしかできないことはもうすでに優秀な医者たちが実践しているはずだと、妙に納得してしまったのである。

いったんは医学部への編入の道を探ったものの、正直に言うと、編入の道を断念したことでまたあの地獄のような受験勉強をしなくても済んだことに、少しホッとしてもいた。

ソマリアギャングと共に

このようにして、紆余曲折《うよきょくせつ》を経ながらも、ソマリアに存在する様々な問題の解決に向けて真に寄与するために、私たちは何をすべきかということを、がむしゃらに追求していった。また2013年1月には、大学生のアクションを応援するキャンペーンで、約100万円の活動資金を手に入れるという幸運にも恵まれた。そしてこの資金をうまく活用し、何か意味のあることをしようと考え抜いていった中で、私は「ソマリアギャング」の問題について、改めて深く考え始めるようになった。

当時私たちが活動の拠点としていた、ソマリアの隣国ケニアの現場では、住民の多くから深刻な問題として指摘されていたのが、ソマリアギャングの問題であった。特に、ソマリア人が数多く居住するエリアやその周辺では、ソマリア人のギャングたちによる数々の犯罪行為が一番の問題として浮上していたのである。彼らはソマリアの武装勢力とつながっていたり、ドラッグや銃の密輸に関わっていたり、強奪をしたり、民家に空き巣に入ったりするなど、ケニア国内で様々な悪事を働いていた。私はもともと、彼らの存在は知っていたが、ソマリアギャングの問題については、学生の私たちには手に余るものと、半ば目をそらしていたのだ。

ソマリアギャングたちと。路地裏などに加えて、建物の屋上などが、よく彼らのたまり場となっている。

しかし、そんな中で、日本ソマリア青年機構の現地人メンバーたちに協力してもらう形で、そのつてをたどりながら、２０１３年の初夏にソマリアギャング本人たちと、直接会う機会を得ることができたのである。

いざ彼らに会ってみると、さすがにギャングということもあって、確かに少し、ギャングらしいと言うか、不良らしいという風貌であったが、それはさておき、とにかく彼らは「若い」というのが、彼らに対する私の最初の印象だった。最初に彼らに会いに行ったときは、ギャングの一人に胸倉を捕まれたり、どつかれたりするなど、なかなか穏やかにはいかなかったが、そんな彼らも、実は私と同じ20歳くらいの年齢の青年がほとんどであるということに気づいたのだ。そして、彼らは皆、社会や大人たちへの強い怒りや不信を抱え、大いに反発しながら生きていた。同時に、彼らの多くは、紛争で親を亡くしていたり、地域のコミュニティからのけ者にされたり、マイノリティとして苦しんだりしてきたという過去を持っており、自分と仲間たちを守るために、徒党を組んでギャングとなっていった若者たちであることもわかった。

そこで、私たちは、こうしたソマリアギャングを更生させようとするのではなくて、同じ若者として、不満だらけのゆがんだ社会を共に変えていこうと考えた。もし、こちらから、彼らを一方的に矯正しようとするならば、それはもちろん彼らの反発を生むことになるわけで、そうではなく、同じ仲間として、どうしようもない社会や大人に対して共に一撃を加えてやる方が、よほどいいと思ったのだ。

このようにして、私たちは彼らに何かを「教える」という取り組みをするのではなくて、社会や世界が抱えている様々な問題に対して、共にその原因や解決策を考えながら、まずは、すぐにできることから、いっしょになって行動を開始していくことになったのである。そこでは、ギャングたちだからこそできることもあったし、彼らだからこそできる物の見方や考え方などもあった。

こうして、他のギャングたちも、私たちの仲間としてどんどん巻き込んでいく中で、彼らは、自分たちは社会をより良くしていく若者（ユースリーダー）なのだから、それにふさわしいように頑張っていこうという気概を持つようになっていった。そして、そうした姿勢のもと、職業訓練に励んだり、学校に通い出したり、粘り強くチャンスを探りながら就職を果たしたりと、皆、自ら変わっていったのである。

「俺たちにレッテルを貼らないでくれてありがとう」と、彼らの一人から言われたことがあったが、まさにレッテルなど外して見れば、彼らも私たちと同じように、社会に対して様々な問題意識を持つ普通の若者たちなのだ。「若者が世界を変える」と言うのなら、彼らも、まさにその若者に他ならない。世界を変えるためには、彼らの力もまた、必要なのである。そうしたことに、彼らだけでなく、私自身が改めて気づいていくことにもなった。

ソマリアギャングたちとの付き合いは２０１３年から始まったが、その後、私たちは１７０名を超えるギャングたちを受け入れ、社会に存在する様々な問題を共に解決すべく協力し合う中で、良好な関係を築いていくることができた。

こうした地道な努力の成果もあって、最終的には、「カリフマッシブ」という一つのギャング組織を解散させることにも成功した。解散式では、彼らのたまり場の壁に、地域最大規模のグラフィティアートを描いた。そこには「俺たちはカリフマッシブじゃない。ユースリーダーだ」との文字が、彼ら一人ひとりのサインと共に描かれている。

彼らから学んだこと、そして、彼らと共に学んできたことが、まさに今の私の仕事につながっている。また、今の私たちの仕事に対する姿勢や考え方、大切にしていることなどは、彼らとの関わりの中で得たものばかりだ。人間には無限の可能性があるということも、このとき、確かに実感した。

その一方で、社会の側から一方的に彼らにネガティブなレッテルを貼っていることが、彼らの反発を買い、さらに彼らの更生を妨げる結果となっていることもわかってきた。そうであれば、やはり私たちは彼らを「矯正」するのではなく、彼らを「受け止め」、そのうえで、彼らが自分自身の力で生きていけるように導いていこうと決心したのである。彼らは、まさに「深刻な問題」とされてきた張本人たちであるが、その問題を解決するための最大の鍵は、まぎれもなく、そうした本人たちなのだ。

このようなことは、決して何かの教科書や大人たちから学んだことではなく、彼らと共に生きていく中で、自らを通してたどり着いた、地に足のついた考え方だ。

また、彼らとの関わりの中では、私が1歳年を取ると彼らも1歳年を取るという、当たり前のことに改めて気づき、衝撃を受けた。彼らは、まぎれもなく、私たちと同じ時を生き、同じように年を重ね、これから同じ未来を生きていく仲間たちなのだ。誰かに対して、「これからいっしょに頑張ろうぜ。いっしょに生きていこうぜ！」などと伝えると、なんだか嘘《うそ》くさくも感じてしまうが、彼らに対しては、ただ純粋にそう言えたのだ。

このようにして、私たちがソマリアギャングたちから学んだ数々のことが、現在、「アクセプト・インターナショナル」が掲げている、「受け止める」、「受け入れる」、「存在を許す、許し合う」などといった姿勢につながっている。

かつてギャングだった彼らも、今はしっかりと新しい人生を歩み始めており、各々《おのおの》に忙しそうだが、たまに連絡を取り合うと、共に学び、共に行動してきた当時のことを振り返りながら、私たちへの感謝の言葉を伝えてくれたりもする。

ソマリア渡航と将来への決意

さて、2013年に初めてソマリアに行ったことも、私にとっては大きな転機となった。ソマリア渡航を実現すべく、「アフリカ連合ソマリア移行ミッション（ATMIS）」の職員であるアハメドという中年男性とケニアで面会をしたのであるが、その際に私の熱意が認められて、彼に同行する形でソマリアへの入国が認められたのだ。

このときのソマリア滞在中には、私たちは基本的にはいつも、比較的安全な「MIAコンパウンド」の中にいたのだが、私たちがソマリアに着いたまさにその日に爆弾テロがあり、同行してくれたアハメドの親族が亡くなってしまったのだった。その日の夜は、実に最悪の雰囲気であった。彼が私に対して、「考えろ。自分に何ができ、何をしなければならないのか。やれ。お前にはその使命がある」と真剣な眼差《まなざ》しで言ったことが、今でも私の脳裏に焼き付いている。

また、ちょうどこのタイミングで、私が大好きだった「国境なき医師団（MSF）」が、ソマリアから撤退することを発表した。このとき、国境なき医師団からは、撤退する理由について、「この国でMSFを待ち受けていたのは、度重なる襲撃や拉致、そして16人ものスタッフの殺害だった。これに加えて、脅迫や窃盗、その他の威嚇《いかく》行為の被害にも、頻繁に遭ってきた。世界にこれほど危険な国はなく、MSFにも限界がある。そして、過去5年間に起きた一連のこうした事件によって、とうとう限界に達してしまったのだ」との説明がなされた。

これを受けて、私は、「こんな危険な場所で、自分に一体何ができるのだろうか」と、改めて自分自身に問いかけざるを得なかった。しかしそれでも、というよりも、だからこそ、私は「やる」と決意したのである。そして、もし「やる」と決めるのであれば、「最速最短でやってやる」とも決意したのだった。当時私が書いたメモには、「ここは暑く、湿気もとても高く、とてもとても厳しい環境だ。加えて爆発テロは頻繁に起きる。とてもハードで疲れるし、怖い。だが誰かがやらなきゃいけない。決心した。まだ揺らぐこともあるが、永井陽右としての責任と共に」と記されている。

このように、ソマリアのような紛争地で一体自分には何ができるだろうかと、それを模索しながら必死になって走り続ける中で、私は同時に、大学卒業後の進路についても考えなくてはならない時期に差しかかっていた。だが、最終的には、私はやはり、大学卒業後もこの仕事をそのままやり続け、さらに意味あるものにしなければならないと考えるようになり、それを実行に移すことにした。そこで、今後、ソマリアなどの紛争地で仕事をしていくにあたって、何か最低限の専門知識を身につけておこうと考え、大学を卒業した2015年にはイギリスの大学院に入学し、専門知識を学びながら、ソマリアとその隣国であるケニアの現場にも通い続けた。

ちなみに、学生時代には、活動資金を捻出《ねんしゅつ》する必要があったことはもちろん、一人暮らしをしていたこともあり、生活するための資金を稼ぐ必要もあったので、とにかくアルバイトをたくさんこなしていた。予備校の先生に始まり、引っ越しやイベント設営のほか、飲食店などでもアルバイトをした。そうして貯《た》めたお金で現地に渡航する航空券を買ったり、団体の活動資金に充《あ》てたりしていたのである。それに加えて学業にも力を入れていたので、本当に忙しい日々であった。

なお、イギリスの大学院については、返済不要の給付型の奨学金を獲得し、どうにか通うことができた。

イギリスの大学院では、私は紛争解決や平和構築について、体系的に学んだ。この結果、昔から存在するような、いわゆる内戦や従来型の紛争をどのようにして解決していくか、その方法論についてはよくわかった。しかし、そもそも対話をすることもできないような暴力的過激主義組織が絡む難しい紛争についての解決方法については、いまだその答えはないということも学んだ。もちろん、こうした難しい紛争を前にしたときに、その解決に資するであろう手段や方法などについては、様々に論じられてはいるものの、完全な解決に至る方法となると、いまだその解はないというのが現状であった。仮にそんな方法論がすでに存在するのであれば、紛争地における今日の悲劇的な状況も、少しは良くなっているはずだろう。だからこそ、もしその方法論が確立されていないのならば、それを自分で作ろうじゃないかと、心を奮い立たせたのである。

目の前に深刻な問題があり、それをまだ誰も解決することができていないのであれば、それこそが、私が立ち向かうべきものだ。それが「できるかどうか」で決めるのではなくて、「やるべきかどうか」で決める。そうやって、何としてでも自ら道を切り開いていこうと思ったのだ。

また、ソマリアなどの紛争地で人々を苦しめている飢餓や難民などの問題は、結局のところ、こうした紛争地で終わりなく続いている武力紛争を解決していかないかぎり、決してなくなりはしないことも、よくわかっていた。これは、現在ソマリアを襲っている大干ばつと、それによって発生している飢餓についても、全く同じだ。

飢饉《ききん》を誘発する大干ばつは、アフリカ東部のいわゆる「アフリカの角エリア」では、これまでも定期的に発生してきた。これはソマリアだけではなく、エチオピアやケニアといった国々についても、同様である。ところが、そのエチオピアやケニアでは、このように定期的にやってくる干ばつによっても、飢饉が発生するまでには至っていない。それは、ソマリアに比べてこの両国は、国家としての基盤が強固であることによるところが大きい。ソマリアは国家としての基盤が極めて脆弱《ぜいじゃく》であるがゆえに、干ばつの発生をきっかけにして、様々な問題が連鎖的に発生し、負の連鎖を作り上げて、それらを強化してしまうのだ。そしてソマリアの国家基盤を脆弱なものとしている、その最も大きな原因が、長らく続く武力紛争である。その中でも特に、世界で最もアクティブなテロ組織の一つであるアル・シャバーブとの終わらない紛争を抱えているからこそ、いつまで経《た》ってもソマリアは国家の基盤が脆弱なままなのだ。

今まさに飢饉が発生しており、人々が苦しめられているような状況においては、まずはそこにいる人々を救うための人道支援をおこなうことが必要であることはもちろんだが、それだけでは、ソマリアのような紛争地における様々な問題を解決するためには、十分ではない。紛争地に存在する数多くの問題すべての根本にある紛争の解決を、いかにして実現していくか。こうした試みを強化し、そして加速させていかないかぎり、飢饉はもとより、難民が発生するリスクなども、常につきまとうことになる。ゆえに、人道的な支援が差し迫っている危機的な状態であっても、むしろそうした状態であるときにこそ、テロ・紛争解決の面においての取り組みが、同時に必要とされるのだ。

人道的な諸問題やその対応については、人々の共感も、政府開発援助（ODA）予算も集まりやすいが、テロ・紛争解決の取り組みについては、そうはいかないのが現状である。そうであれば、やはり私たちがまずやるべきことは、後者である。そして、どのようにしてテロ・紛争解決への取り組みにアプローチしていくかを検討していく中で、対話ができないテロ組織からの投降と、その後の投降兵や受刑者などに対する脱過激化と社会復帰に向けた取り組みこそが、その鍵であるとの結論に至った。

和平合意をベースとする武装解除プログラムはこれまで様々な例があるが、和平合意を結ぶことができない現代的なテロ組織を相手にしたときに、一体何ができるかということは、あまりにも大きな挑戦である。しかし私は、あえてそれをやろうと決意し、準備を始めたのである。

「アクセプト・インターナショナル」誕生

こうした中、2015年暮れ頃からは、「日本ソマリア青年機構」という名称と、その活動内容を変えていこうと考え始め、それに向かって動き出した。

そして、2017年4月には、日本でNPO法人格を取得すると共に、組織の名称を「アクセプト・インターナショナル」に変更した。新しい組織の名称には、これから私たちが活動していく場はソマリアだけではなく、他の紛争地にも広げていくということ、また、組織のメンバーたちは、もう大学生だけではないということを反映させたかった。加えて、日本人だけではなく、海外の人たちが聞いても、違和感のないような名称にする必要があった。

こうしたことをすべて満たしながら、そのうえで、私たちの姿勢や想いを表すこともできる言葉は何だろうかと考え、「アクセプト（受け止める、受け入れる）」という英単語に行きついた。そして、その後ろに「インターナショナル」をつけておけば、海外でも何かと便利だろうと思い、この名称になったのである。

こうして、日本ソマリア青年機構はアクセプト・インターナショナルとして、新たなスタートを切ることとなったわけだが、もちろん、その後も順調に物事が進むことばかりではなく、紆余曲折あった。人間関係から現場における諸問題など、毎年何かしらのトラブルにも直面してきた。それでも皆、同じビジョンを共有しながら、様々な困難を乗り越えて、団体としても着実に成長してきた。こうしたゼロからのまっすぐな努力の積み重ねこそが、今日の私たちの組織のあり方にも、着実に反映されている。

このように、組織が大きな変革を遂げていく中で、この頃の私はといえば、組織がしっかりするまでは、給料を組織からもらうことはできないと考え、自宅の裏にあるしゃぶしゃぶ店でアルバイトをしたり、コンサルティング会社でコンサルタントのアルバイトをしたりしながら、日々を精一杯に生きていた。特にしゃぶしゃぶ店でアルバイトをしていた頃には、収入もままならず、かなりひもじい生活を強いられていた。とにかく組織での仕事に忙殺される日々が続く中、アルバイトをする時間も削らなければならず、その結果、ひと月に5万円くらいの収入しかない中で生活をしていたこともあった。この当時、ルームシェアをしていた友人と会うと、今でもついつい当時の貧乏飯の話で盛り上がってしまうほどである。

アクセプト・インターナショナルのロゴをどのようなものにするかについても、検討を重ねていた。たとえファッショナブルではあっても、見ていてなんだかつまらないようなロゴよりも、私たちの姿勢や考え方をそのまま伝えることができるようなロゴがよいと考え、デザイナーである知人と、日々議論を重ねた。

こうして、人の指から平和の象徴であるハトが飛び出し、そのハトがくわえる草が、暴力の象徴である銃をぐるぐる巻きにして機能停止させるというロゴができあがったのだった。これは、人が銃弾を発射し、他人を殺すというプロセスをオマージュしつつ、それを逆に構成しなおしたものである。あまりロゴらしくはないが、それでも私はとても気に入っている。

そして、それまでおこなってきたソマリアの隣国ケニアでの取り組みに加えて、ソマリアでの取り組みも本格的に始まり、投降兵たちに対するケアだけではなく、受刑者に対するケアにまで、その幅を広げていき、さらには、テロ組織の構成員の投降を促進するという取り組みにまで、拡大していった。

このように、組織は活動の場所や内容を確実に広げていったが、この期間には、筆舌に尽くしがたいほどの苦難も、数多くあった。テロ組織からの脅迫や、政府関係者の汚職に加えて、自分が思うようには進まないことの方が多く、心身共に絶望的とも言えるほど疲弊していた。こうした状況の中、私自身の体も悲鳴を上げていて、高熱を出しては倒れてしまうというようなことが続いていたのである。

組織にしても私自身にしても、必ずしも順風満帆とは言い難い日々ではあったが、この間に組織は確実に大きくなっていき、仲間も増えて、活動の場についても、ソマリアやケニアだけではなく、さらにはイエメンやインドネシアなどにまで、その範囲を広げていき、現在に至る。

私自身もこの間に、その歩みはゆっくりであったかもしれないが、着実に成長していき、今では、一応の高い語学力、高い専門性、そして10年以上の開発途上国での活動経験を獲得するに至った。もちろん、そうは言っても、今でも私にできることなど、それほど多くはない。紛争地での仕事となると、直面する問題があまりにも大きすぎて、そしてまた難しすぎて、私にはできないことばかりだ。

しかし、それは皆同じである。誰にとっても難しいから、そして好きでも得意でもないからこそ、私たちは、あえてそれをやるのだ。

誇り高き仲間たちと共に

誰もが近寄りたがらない危険な紛争地において、そこにある様々な問題を解決しようと、文字どおりゼロからの活動を始めてから約11年の月日が経った。私たちのこうした仕事は、今では確かに、紛争地における様々な問題を解決するために、何らかの貢献ができるようになったと自負している。ゼロからのスタートだったからこそ、そしてただただ真っすぐに歩んできたからこそ、私たちがこれまでおこなってきた取り組みの価値がどれほどのものであったのか、それを肌で実感できるような気もする。

何かを始めようとするときに、協力してくれる人や、信じてくれる人、応援してくれる人、さらには、寄付をしてくれる人などは、最初からいるものではない。また、取り組みに必要な予算を確保するにしても、たとえば、人道支援やインフラ整備の分野などでは、日本政府が掲げる方針に従って支援を受けるという形であれば、大きな予算を確保することはそれほど難しくはないケースもある。しかし、私たちの仕事は、こうした類《たぐ》いのものではない。だからこそ私たちは、文字どおり「ゼロ」から始めるしかなく、2011年の活動予算にいたっては、みんなで何とか工面した5万円が、そのすべてだった。そこから始まって、私たちはいろいろなところに出向いていっては寄付をお願いしたり、寄付を募る募金箱を置かせてもらうようにお願いしたり、時には、みんなでアルバイトをして得たお金を、団体の予算に当てるというようなこともした。こうした苦労をしてきたからこそ、人様から500円の寄付をしていただくことが、どれほど大変なことであるか、それを身にしみてわかっている。

特に若い頃は、大人たちからは、「こんなに少ない予算で一体何ができるんだ」と、否定的に見られることも多々あったが、多額の予算がつくODAにはできないようなことを、たとえ少額の予算しかなかったとしても、あえて私たちはチャレンジしてきたのだ。そもそも重要なことは、予算がどれだけ高額であるかではなく、たとえ少額ではあっても、1円当たりの成果をどれだけ挙げたかということであろう。

また、これまで続けてきた取り組みに対して、私が誇りに感じていることに、大学1年生のときから続く「一貫性」というものもある。

特に2010年代や2020年代には、多くの学生たちが、海外でのボランティア活動などに興味や関心を持ち、それを実行に移す人たちが多かったが、それを長く続けられた人は、なかなかいなかった。というのも、興味関心が移ったりするほか、それを続けていくだけでは生活が成り立たないという現実もあるからである。そうなると、普通の人であれば、せっかく何か世のため人のためになるような活動をしていたとしても、いったんそれを中止したうえで、就職することを選択するよりほかなくなってしまう。私のように、アルバイトをしながらでも夢を追うような人は、今の時代にはなかなかいないものだ。

そして、そもそも無給でおこなっていた活動を、有給の仕事に変えていくというのも、簡単なことではない。もちろん、何かをただ続けていれば、それだけで大きな価値が生まれるというわけでは全くないし、人生とは、どんな道を進むにしても、そのすべてが価値あるものであるとも、私は思っている。しかしながら、強い一貫性を持って続けてきたからこそ、たどり着くことができる境地があるということもまた、事実である。強い一貫性を持って難しい仕事を続けてきて、11年経った今だからこそ、たどり着くことのできた境地が確かにあるのだと、私はそう自負している。

思い出すのは、アフガニスタンで散った医師、中村哲さんのことである。中村さんのように、強い一貫性を持ち、人生を懸けてでも、ただひたすら行動を続けたからこそ、動かせたものがあるのだ。多くの人を巻き込んで、彼らを動かしていくことができたのである。もちろん、一貫性を持ち続けた末に中村さんが殉職してしまったことは、大いに残念なことではあるが、そのうえで、誰もが彼の姿勢から何か感じ取るものがあるのではないかと、私は思うのである。

また、このような一貫性を持つことの重要性に加えて、組織がどうあるべきかについて、常に模索していくことも、忘れてはいない。

私たちが組織の名称をアクセプト・インターナショナルに改称した当時は、最強の少数精鋭部隊のような組織を目指していた。紛争地において、決してSNSなどには出てこないが、それでも粛々と仕事をこなす諸外国のプロフェッショナルたちを前に、私たちもこうした本当のプロにならなければならないと思っていたのだ。

もちろん今でも、個々人の能力をプロと呼ぶにふさわしいレベルにまで高めていかなくてはならないという考えは、変わっていない。しかし、組織全体のあり方を考えたときに、少数精鋭を目指すことには、あまり意味がないことを悟った。

というのも、私たちが取り組んでいるような活動については、決して少数精鋭の人員だけで対処できるような物事ばかりではない。「テロや紛争のない世界」を本気で目指すのであれば、もっともっと多くの人を巻き込んでいかなくてはならないのだ。もはや、アクセプト・インターナショナルという一つの組織の枠を超えた、何か大きなものへと発展させることを考えなくてはいけない時期に差しかかっているのだと思う。それは、大きなモメンタムというか、大きな運動というか、究極的にはそうしたものになっていくのだと考えている。

もっと経験豊かな大人たちから見れば、たかだか11年の期間なんて、まだまだ駆け出し程度のものとも思われることだろう。それでも、いざこの11年間を振り返ってみると、あっという間の期間ではあったが、限りなく濃厚な11年間でもあった。そして、この間に出会った仲間たちや、遠く離れた国々で出会い、そして友人となってくれた人たち、そして、まだ何も持っていなかった私を信じ、応援や支援を惜しまなかった心温かい人たち、こうしたすべての人々との関わりが、今の私につながっている。私たちの仕事は、こうした人々との関わりの中で、様々なことに気づかされ、磨かれ、そして、緩やかにその輪郭を形作っていったものなのである。

端的に言うならば、私たちの仕事は「脱過激化」と「社会復帰」ということになるのだが、やはりそう言うだけでは、他人には伝わらないことが多すぎる。改めて、自分はなんとわかりにくい仕事をしているのだろうかと、困ってしまう。それでも、私は今日も、それをおこなっている。多くの誇り高き仲間たちと共に、大いに胸を張りながら。

第5章◎理想と現実のはざまで

煩悶する日々

紛争地の現場にいると、決まっていつも、私は自分が死ぬときの景色を想像する。想像するというよりは、ふとしたときにそれを考えてしまうのだ。特にベッドに横になったとき、自分が死ぬ際に見える風景とはどのようなものだろうかと、突如としてぼんやりと考え込む。ソマリアでは、爽やかな日差しの中で、安らかに死ぬのだろうか。イエメンでは、高い山々に囲まれながら、絶景の中で死ぬのだろうか。死んだ後の世界を想像するというよりも、地に横たわりながら、死ぬ間際になって一体自分は何を見ることになるのだろうかと、想像する。

私たちがおこなう仕事の領域では、あまりにも死が近すぎる。これまで何人の関係者たちが死んでいったのだろうか。紛争地の最前線で私たちに協力してくれた兵士たちなどを含めたら、それこそ数えきれないほどの人たちが、これまでに死んでいった。

また、私たちの反対側にいる、いわゆるテロ組織の側では、一体何人の人たちが、これまでに死んでいったのだろうか。紛争地で戦闘がおこなわれた後は、テロ組織に属する人たちの死体を並べ、写真を撮ることになるのだが、そのときに見る彼らの姿は、皆一様にボロボロで、彼らとて、私たちと同じ人間なのだと、改めて思い知らされる。彼らは、死ぬときに何を思ったのだろうか。せめて苦しまずに逝けたのならいいなと、いつも思う。

これまで、幸いなことに私たちの現場では、いまだ日本人の死亡者は出ていないが、日本人が死んだらダメで、現地人が死ぬのであればいい、という話ではない。皆同じ人間なのだから、その死は人種や性別などとは関係なく、残された者たちの心に、等しく暗い影を落としていくことになる。

思えば、初めて私が国連のプロジェクトを通じてソマリア政府と関わることになったとき、ソマリア政府の担当者が爆発に巻き込まれて死亡し、急遽《きゅうきょ》そのプロジェクトが終了してしまったということがあった。

また、私たちにとても協力的だったモガディシュの市長も、自爆テロで亡くなってしまった。彼は東京に来たこともあって、もともと私も親近感を覚えていたし、周りからの人望も厚かったことから、彼の死の報に接した際の私の落胆は、形容しがたいほどに大きなものだった。

彼が死んだあのとき、国連からも注目されていた盲目の女性若手リーダーが市長と面会を果たすという、誰もが注目するその面会の際に、なんと彼女自身が自爆テロを起こしたのであった。一体、何がどうなっているのか、このときの私には、さっぱりわからなかった。

さらには、テロ組織から投降してリハビリテーションを終えた青年が、念願だった政府軍兵士になれたと思ったら、テロ組織との戦闘で、すぐに戦死してしまったということもあった。彼はサッカーが大好きで、投降兵を対象としたリハビリテーション施設では、皆を和ませるムードメーカー的な青年だった。

その他にも、元投降兵だった青年がテロ組織に支配されている故郷を離れて首都モガディシュで新生活を送り始めたのちに、何者かによって射殺されたということもあった。

また、たとえ一命は取り留めたとしても、重傷を負ってしまうということは、私たちの現地スタッフ含め、多くの関係者たちが経験している。

そして、紛争地といえば、戦闘で亡くなる人たちばかりに関心が向かいがちだが、飢饉《ききん》で亡くなる人たちだって、無視はできない。実際2011年には、ソマリアでは飢饉によって、26万人もの命が、ほんのわずかの間に失われてしまったのである。「飢饉で26万人が死にました」と簡単に言うことはできるが、その26万人の人たちは、皆どういう思いで死んでいったのだろうか。

さらには、ソマリアの平和と安定のために同国に派遣されているアフリカ連合軍の兵士たちにしてもそうだ。彼らは遠く故郷を離れ、苦しい中で自らの命を懸けて戦っている。正確な死者数は公表されていないが、最大4000人ほどの兵士たちがこれまでに尊い命を散らせてきた。

このように、熾烈《しれつ》な紛争地の現場では、死ぬ人が数えきれないほどいる一方で、生き長らえる人もいる。私は後者だ。なんだかんだと言いながらも、いまだにこうして生きている。

生きている側からすれば、死んでいく人たちに対して、「なんで勝手に死んでいくんだよ」と、憤りを感じるときすらある。そして、死が私を捉えないのであれば、せめてこの手足の1本や2本くらいは持っていってくれと、本気で思うこともある。死んでいく人たちを尻目に、自分だけピンピンしながら、かっこいいことを言っていることが、たまらなく情けない。もちろん、破滅的な感情から自暴自棄になって、いたずらにリスクに飛び込んで死んでやろうとは、プロとして決して思わないし、やりもしない。ただ、こうした感情が、自分のどこかに確かに存在していることだけは、紛れもない事実だ。

また、時には、もし私がテロ組織によって殺されたとして、それで彼らが何か大切なことに気づいてくれたり、彼ら自身が良い方向へ変わってくれたりするのなら、それも本望ではないかとも思う。しかし、現実はそんなに甘いものではない。私が死んだからといって、彼らは何かに気づくこともなく、変わっていくこともないのだろう。そうであれば、私は文字どおり、ただ死ぬだけのことになる。そうであるならば、私の死には、果たして何かの意味があるのだろうかとも思えてくる。

これほどまでに自分の身近な人たちが死んでいくのだから、もう、自分が死ぬのは怖くはない。そう達観したつもりでいても、そんな思いも、日々揺れ動いていく。正直に言うと、「死ぬのは怖くない」と、ある瞬間には心底思えていたとしても、数日後には、そんな覚悟はすっかりと消え失《う》せてしまい、「死にたくない」と、何かにすがりたくなるような気持ちになることだって、決して珍しいことではない。

このような「死」そのものへの恐怖もそうだが、紛争地で最もセンシティブな仕事をする私は、これまで様々な脅迫に対しても、大いに恐れおののいてきた。

テロ組織から受ける脅迫には、「お前を殺してやる」「イスラーム法廷に基づきお前を処刑する」などといった、わかりやすいものもあれば、「今ならまだ間に合う。正しい道に進め。しかしそうできないのならば銃を構えるのみだ」という、説得と脅迫が入り交じったものもある。また、刑務所の中で、「外に出たら真っ先にお前たちを殺してやる」と受刑者から囁《ささや》かれたこともあった。

自身のTwitterやFacebookをふと見たとき、奇妙なアカウントからのメッセージを見つけると、その時点で非常に陰鬱《いんうつ》な気分になる。そして、そのメッセージを実際に開いてみると、いよいよ全身が硬直することになる。また、投降ホットラインの会話記録に入ってくる、あまりにも直線的な脅迫のメッセージも、私を絶望的な気分にさせるには十分すぎるものだ。

ただでさえ、日々、自身の死のリスクと向かい合っている中で、このような暴力的な脅迫を受けて、それに苛《さいな》まれてしまうと、こんな仕事は本当に辞めてしまいたいという気持ちにもなる。また、今さらながら、どうして自分はこんな仕事をしているんだろうと考え込んでしまうときだってある。

思えば、私たちの仕事は本当に深い孤独の中でおこなわれている。私たちの組織は、国連のように日本人スタッフだけでも1000人もいるような巨大な組織でもなければ、海外に本部を置く大規模な国際NGOでもない。実にちっぽけな組織である。もちろん、規模が大きいから良いというわけでは全くないし、私たちのこの小さなNGOには多くの人々の尊い想いが乗っているということも完全に理解しているし、そのことについて、私は大いに誇りを持ってもいる。とはいえ、大きな組織と比べて、私たちのような小さな組織には、いざというときに頼れる先が圧倒的に少ないということもまた、事実なのである。

このような仕事をしていると、時にはメンタルがやられてしまうこともある。正直に言うと、これまでには病院通いを経験したこともあった。そのとき、相談相手の医師に対して、自分の置かれている状況や環境、心の状態などを話してみるのだが、とてもこちらのことを理解しているようには思えず、「日本のような安全な場所にいるあんたに、一体何がわかるんだ」と、やさぐれてしまうこともあった。

またあるときは、行政による心の相談窓口に相談してみたこともあった。しかし、「早めに病院に行くことをおすすめします。それでは失礼します」と、いつも冷たく突き放されてしまうのであった。

いろいろな人たちから受ける心ない誹謗《ひぼう》中傷も、私にとっては悩みの種の一つだ。

日本人による誹謗中傷もときたまあるが、紛争地の現場においては、アジア人に対する偏見や差別というものが、いまだに幅をきかせている。こうした偏見や差別は、「中国人やアジア人は、みんな目が小さいんだよな！」といった、身体的な特徴を侮蔑《ぶべつ》するような内容のものに始まり、私に対してカンフーの真似《まね》をしてくるというように、アジア人に対する偏見を体で表現してくる人も、たくさんいる。また、「イスラーム教徒でない奴が首を突っ込むな。消え失《う》せろ、このアジア人が」と、暴言を吐かれたこともあった。身を以《もっ》てこうした経験をしてくると、ますます自分は、自らの命を危険にさらしてまで、「何でこんなことをやっているんだ」と、苛立《いらだ》ってもくる。

もちろん、仲間たちの死や脅迫、偏見や差別に対して、自分自身がもっと距離を置いて、知らぬふりを決め込むというのはありだろう。これはあくまでも「仕事」なのであって、自分の「人生」でもなんでもないと割り切って、面倒なことには関わらないし、相手がたとえ何を言ったとしても、全く関心を示さないといった態度で臨むのである。また、たとえ誰が死のうが、「もともとそういう仕事なのだから仕方がない」と、自分自身を納得させてしまうという方法だってあるだろう。このように、自分が壊れてしまわないように、自分自身と適度に折り合いをつけるというやり方をしている人は、実際のところ多いだろうし、それが非人道的な態度だとも思わない。

たとえば、国際赤十字委員会の場合には、命の危険がある深刻な場所では、スタッフの任期は1年のみとしているうえ、それ以上、活動を続けることが難しいと判断した場合には、無理をせずに撤退する。また、紛争地における当事者たちと自身の関係が近くなりすぎないようにしながら、何よりも、人道的な支援組織として、中立を守るわけである。

そのように考えると、私たちの組織は、全く人道的な支援組織とは言えないのかもしれない。なぜなら私たちは、中立などとは距離を置いて、しばしば当事者たちに対して政治的な介入をしたりするし、当事者たちと関係が近くなるどころか、「共に生きていこう」といった姿勢で臨んでいるのである。そうした姿勢を通じてこそ、何か希望を見いだせるのではないかと考えているものの、逆に、こうした姿勢でいるからこそ、苦悩も深まるという矛盾に陥ってしまうのだ。

全員元軍人が所属するアメリカの民間軍事会社の屈強な男たちですら、スタッフの負担に考慮して、紛争地における現場での人員配置は4週間のローテーションで回しているのである。

また、国連機関に関して言えば、スタッフが危険地域で勤務する場合には、安全な場所で生活できるように配慮すると共に、通常の有給休暇に加えて数週間に一度は特別休暇が与えられて、国外でリフレッシュできるようにもなっている。

こうした大組織と比べると、私たちの組織では、もともと私を含む職員に対して、メンタルケアをはじめとするサポート体制がしっかりと構築できてはいなかった。必要に迫られて、こうしたサポート体制を毎年改善してはいるが、今すぐにこれらの大組織並みのレベルにまで引き上げることは、予算の面から見ても現実的ではない。しかし、だからと言って、スタッフに対するサポート体制がしっかりと整うまで仕事を停止することができるかと言うと、それもまたできない。だからこそ、日々苦悶することになる。

こうした組織的な問題だけではなく、自分自身の身の回りの些細《ささい》なことについても、憂鬱なことは絶えない。

たとえば、現場で使うスマートフォンの着信音を聞くだけで、心身の不調をきたすようになってしまった時期もあった。だから、これまで着信音を何度変えたかわからない。できるだけ、ウクレレみたいな陽気な曲の着信音を選ぶようにしているのだが、はじめは心地よいと感じていた着信音でも、数週間経《た》つとやはり聞くだけで憂鬱な気持ちが抑えられなくなるため、すぐにまた他の着信音に変えることになる。その結果、まともな着信音は一周してしまい、最近では以前設定していたものに戻ってしまったという始末だ。

ストレスがたまりにたまると、私は自分の手の爪を、他の指の爪でがりがりと削り取ってしまうという癖がある。そして、気付けば両手の爪は、きれいさっぱりと削り取られていることになる。私の爪がいつも短く保たれているのは、頻繁に爪切りをしているからではないのだ。

また、ひどい体調不良にも悩まされている。耳が詰まるような感覚に襲われたり、咳払いをしたり、眩暈《めまい》がしたりするほか、時には倒れてしまうほどの高熱が出たり、しまいには入院に追い込まれて手術をしたこともあった。

さらには、現場でのある出来事が原因で、「心的外傷後ストレス障害（ＰＴＳＤ）」になってしまい、一時期は車や飛行機に乗ると、心臓がとんでもなくどきどきするようになってしまった。予算の確保が難しい中、少しでも費用を抑えるため、いつも飛行機に乗るときはエコノミークラスを利用しているのだが、このときばかりは、少しでも体への負担を和らげるために、ビジネスクラスにさせてもらったことも、何回かあった。

ストレスを和らげることに効果があるというものは、ほぼすべて試した。心地良いにおいがするお香に、飲むと穏やかな気持ちになる様々なハーブティー、さらには、塗ると気分が安らぐという謎のオイル、などなど。こうしたアイテムを、紛争地の現場に赴くときには、私は常に持っていくことにしている。

一日の疲れを取るために欠かせない睡眠にしても、もちろんなかなか満足にはいかない。寝付けないこともあれば、悪夢に苛まれることもざらだ。大量の汗をかきながら深夜に目覚めるのは、もう嫌なのだ。

とは言え、やはり弱音は吐けない。睡眠薬の使用を検討するようになった頃、ソマリアの現場で、私をはじめとする関係者に対して、極めて具体的な脅迫が届いたことがあった。はっきり言って、そのときに私は腹を括《くく》ったのだ。こちら側の情報をしっかりと隠していたはずなのに、相手はこちら側の情報をうまく入手していたという現実を突きつけられたのである。どれだけこちらが情報を隠そうとしても、そのすべてを隠し通すことは、あまりにも難しい。それならもう、自分の信じる道を、胸を張りながら真っ当に進むしかないと決意したのである。不安を抱えながらであっても、苦悩に苛まれながらであってもいい。自分自身が持つ使命と、徹底的に向き合ってやろうと思ったのだ。

いつか自分の番が来る。それは自爆テロによるものかもしれないし、銃撃によるものかもしれない。淡々と冷静に、私はそれを理解しているし、そのときが来れば、それを受け入れるだけの覚悟はできている。ただ、覚悟はできているとは言っても、死に対して恐怖を覚えている自分もまた、この同じ体の中に同居している。そうした中で、私は今日も、何とか自分自身を保ち続けている。

矛盾だらけの世界

紛争地における様々な活動のうち、たとえば、インフラや教育施設を建設するような開発支援や、住居を提供しつつ食糧や水などを配布するといった人道支援、また、現地の人々にも恩恵をもたらすようなビジネスを通じての支援なら、現地の方々から感謝されることが、圧倒的に多い。これらの活動は、基本的には「敵」を作ることはあまりない。

その一方で、私たちがおこなっているようなテロ・紛争解決などといった仕事は、本当に現地の人たちから嫌われる。なぜなら、テロ・紛争解決のためには、ともすれば私たちは、紛争地におけるネガティブなことばかりを見つめなくてはならなくなるし、現地の人たちに対してネガティブなことばかり言わなければならなくなるからだ。現地の人からすれば、私たちのような存在は、決して心地良いものではないだろう。自分たちの住む国には良い面もあるし、徐々に復興してもいるというのに、なぜ悪いところばかりを見つめるのだと、大きな反発心を持たれてしまうのである。

また、私たちの仕事においては、紛争やテロの被害者や犠牲者たちに対して、どのようにして私たちの仕事に対する理解を得ていくか、という問題もある。彼らからは、なぜ紛争が終わっていない中で、テロリストをはじめとする人殺したちと、紛争解決のための対話をしなければならないのかと詰め寄られることもある。また、多くの若者たちが真面目《まじめ》に頑張っているにもかかわらず苦しい生活を強いられている中で、どうして加害者である犯罪者たちが、社会復帰のための教育や職業訓練を受けることができるのかと、憤慨されたこともある。

さらには、政治とテロ組織関係の事柄だけはタブーだから、決して触れてはいけないと、現地の人たちからも、幾度となく忠告されてきた。

私だって、現地の人たちから歓迎されるような仕事をしたい。明るく、みんなが前向きになれるような仕事をしたいと、純粋にそう思う。しかしながら、必ずしも現地の人たちから歓迎されなかったとしても、今のこの仕事をやる理由が、私にはある。だからこそ、そのジレンマに苦しんでいるのだ。そして、本来は味方であるはずの政府関係者たちからも、これまで私は、散々苦しめられてきた。金や権力のために、どうやって私を騙《だま》してやろうか、苦しめてやろうかと、そのようなことばかり考える人が、やはりいるのだ。彼らに対して、これまでどれだけうんざりとしてきたことか。

紛争が起こっているような脆弱《ぜいじゃく》な国では、政府関係者から当たり前のように賄賂を要求される。こうした賄賂の中には、わかりやすいものもあれば、巧みに仕組まれたものもある。また、時には脅迫を織り交ぜてくるときもある。そうした賄賂を要求されるたびに、「ふざけるな」と、憤懣《ふんまん》やるかたない気分にもなる。投降兵や受刑者に接触したいと私たちが願えば願うほど、その足下を見られることになるのだ。賄賂を寄こさないのであれば、投降兵や受刑者たちに接触させないぞというわけである。それどころか、逮捕して拘束してやると脅されたこともあった。政府関係者の全員がこのように腐敗しているとは言わないが、腐敗した人間は確かに存在し、彼らが平和への道筋を妨害している。

私たちの主な活動資金は、有志から寄付していただくなどして託された高潔なものであるからこそ、こうした理不尽な要求に対して、私たちはおいそれとは譲れない。彼らは、「他の組織もみんな賄賂を寄こしている。だからお前らも寄こせ」と言うが、私は簡単にはそうした要求に応えるつもりもない。こうした汚職構造は、巨大な国際組織や国際ＮＧＯがこれまで目をつぶってきたものであるが、私には耐え難いものだ。なぜ私たちが必死になって集めたお金を、こういった何もしていない連中に渡さなければならないのか。「紛争地や開発途上国とはそういう場所なのだから」。そんなことでは到底納得できないし、納得したくもない。

学生時代には、「援助する側もされる側も対等だ」とか、「先進国に比べて開発途上国の人々は明るく優しい」などということを、幾度も聞かされてきた。しかし、こうした難しすぎる現場で欲望むき出しの露骨な場面に直面していると、そんなことは絵空事にすぎないとさえ思ってしまう。

私だって人間であって、聖人君子ではない。こうした耐え難い苦難に直面するたびに、どれだけ自分に権力があったらいいと思ったことだろうか。自分が外務省や国連のような大きな機関に属する者であったなら、どんなに楽だっただろうか。また、現地の人たちに喜ばれるような、純粋なビジネスだけをしていくことができたなら、どんなに幸せだろうか。そんなふうに、何度も思った。

このような現状があるにもかかわらず、「現地の人々は賢い」とか、「常に最善の答えを知っている」

などと、いまだに夢物語のようなことを語り続ける人たちもいる。

しかし、こうした現場を無視した、根拠のない楽観的な言葉を聞く度に、アフガニスタンの最前線で、チーム全員が死んでしまう中、一人生還した米軍のマーカス・ラトレルの言葉が身に染みる。「ならばお前がやってみろ。短期間でもいいから」。極限の状態の中で、決して民間人を巻き込んではならないという方針で臨んだことが、結果として仲間たち全員の死を招いてしまった彼の心情は、誰にも推し量ることはできないだろう。

こうした矛盾だらけの現場での仕事を終え、日本に戻ってきて、たまに素敵なレストランでの会食に呼んでいただいたりすると、日本のような先進国で給料や福利厚生が良くて、それでいて死のリスクや脅迫を受けることがない平穏な人生を送るのもいいなぁと、思ってしまうときもある。大学を卒業して、普通に就職しようと思えば、私でもどこか素敵な会社に就職はできたと思うし、今からでも、本気になれば、正直できそうな気もする。結局、そうする勇気はないのだが……。

この広い世界の中には、迫りくる飢饉の中にあって、急性栄養失調で苦しむ子どもたちがいる一方で、豪華な食事を楽しみながら、投資の話や豪邸の話、さらには高級ブランドの話が繰り広げられている世界がある。そんな現実に、やりきれない思いを感じることもある。こんなことは、今に始まったことではないが、なんとも理不尽なことだと思わずにはいられない。

私は、このようにあまりにも違う二つの世界を行き来しているのであるが、軸足だけは、しっかりと紛争地の現場に置かなくてはならないと思う。たまに、それとは対極的な場所にいると、こんな場所に自分がいてもいいのかなと思うときもあるが、それでも世の中とはそういうものなのだろう。貧しい人たちがいる一方で、お金持ちの人たちがいるからといって、とやかく言われる筋合いのものではない。そもそも、私が仕事をしている紛争地の現場においてでさえも、コンパウンドの中や政府関係者がよく来るようなホテルの中では、はいて捨てるほど食料があり余っている一方で、そのわずか数十キロ先では、飢饉にあえぐ人たちがいるという現実があるのだ。

こうした状況を見て、私は現地の友人に対して、「君は何とも思わないのか。君の国では、ここからさほど遠くない場所で、君と同じ人々が、今も次々に死んでいるんだぞ」と詰問したことがあったが、ほとんど相手には響くことはなかった。

また、専門家として出席する国際会議でも、素敵なホテルで、紛争地の現場での深刻な諸問題についてうわべだけの議論をして、それが終われば豪華なランチに勤《いそ》しむという経験もしてきた。だから、それがどうしたというわけではないし、そうした矛盾に対する批判を言っていてもキリがないうえに、意味がないということもわかっている。しかしながら、理不尽な現状に対して憤りを覚えているという、こうした感情や感覚を、決して私は忘れてはいけないとも思う。

絶望の中に光を

私たちの仕事のあり方について、プロであればちゃんとそれに見合った報酬を受け取るべきだと言う人もいるし、ビジネスにしないと持続可能性がないよと言う人もいる。しかし、私たちがおこなっている仕事が、プロとして高額な報酬がもらえるものであるならば、また、ビジネスとして構築して資金を調達しながらさらに大きくできるものであるならば、私はそもそも、こんなに反吐《へど》を吐きながら戦ってなどいない。プロとして高額な報酬をもらうことも、ビジネスとして構築することもできないからこそ、私は今のような形態で仕事をやり始め、今でもそれを続けているのだ。

「ＳＤＧｓ」が声高《こわだか》に叫ばれる時代においては、「持続可能性」ばかりが前面に出てきてしまいがちだが、私が関わるような紛争地では、事はそう単純なものではない。紛争地の現場では、個別具体的な事情が複雑に絡み合い、普遍的なものなどほとんどない中、持続可能な対処方法を構築することなど、なかなかできないのが現実である。むしろ、こうした持続可能な対処法など見つけることができない難しい課題を、どのようにして解決していくかということについて、議論をしていくべきなのだ。

しかし、こうしたことは、紛争地ではない日本においては、全く議論されてはいない。

国連の職員や外交官が持つような様々な特権もない、非力で野蛮な日本人が一人、ぽつんと紛争地にいる。そして、実に多くの葛藤を抱えながら、醜くもがいている。それでも私がこの仕事を投げ出さず、愚直に様々な問題に向き合い続けているのは、忍耐もあるのだろうが、やはり私たちの仕事に対する誇りがあるからだ。大きな組織では、多くの人々は任期制のポストで働いており、赴任地やポジションがコロコロと変わっていくが、私たちはそうではない。紛争地の現場に留まり続け、現地にいる一人ひとりの個人と向き合い、彼らと共に生きていこうと努力し、その中で何かを見出そうとしている組織だ。こうした誇りがあるからこそ、葛藤を抱える中にあっても、様々な問題の一番近くでそれらに向き合ってやろうと思えるのだ。そして、私は決して一人ではない。一人の仕事ではないのだ。そうしたことを思い出し、再び私は立ち上がるのである。

とは言え、私自身、紛争地における様々な課題を解決していくことの難しさに目がくらむこともある。「人を変えることはできるのか?」。また、変えることができるとして、「変えるとは何か?」。そうしたことを、やはり考えてしまう。人が真に変わるのであれば、それは自分自身によってしか、できないはずだ。そうであるならば、他者である自分は一体、かつてテロ組織にいた人々に対して何をするべきなのか、そして、何ができるのか。彼らが生き方を変え、これから続く険しい道のりを着実に歩いていくということは、決して簡単なものではない。ましてや部外者である私たちが、彼らに対して、何ができるのだろうかと。

一方で、被害者の方々に対して、自分たちに何ができるだろうか、何が言えるのだろうか、ということも考える。もちろん、自分たちの取り組みを通じて、テロリストと呼ばれる人々の脱過激化と社会復帰を実現し、少しずつ紛争解決に向かいながら平和を構築しているのだと言うことはできるが、被害者にとっては、そうしたことは何ら意味を持たないことも知っている。彼らにとっては、テロリストたちが更生していくことや、紛争が解決することよりも、自分たちが受けた損害に対する償いのほうが、はるかに重要な関心事なのだ。では、被害者に対する償いとは何であろうか。そもそも、テロリストたちが自発的に降参をした場合には、政府は特別な恩赦を出しているわけである。こうした中、「なぜ私の家族を殺したあいつが免罪され、しまいには教育を受けているんだ！」と被害者の側から問い詰められたときに、私には一体、彼らに対して何が言えるのだろうか。

このようなジレンマを抱えながらも、私は投降兵や逮捕者の皆が新たな人生を歩んでいくことができるようにと、今もがむしゃらに働いている。しかし、彼らの中には、新たな目標のために頑張り始めたのにもかかわらず、その後すぐに戦死してしまった人もいれば、途方もない困難に直面して自暴自棄に陥ってしまった人もいた。また、スパイとして私たちの側に潜入して攻撃を企てる人もいたし、再びテロ組織に戻っていってしまった人もいる。残念ではあるが、それが現実なのだ。

また、私たちが奮闘努力の末、テロ組織からたとえ１００名の投降を引き出せたとしても、テロ組織の支配領域では、新たに別の１００名が組織へと強制的に加入させられてしまうこともある。マクロ的に見れば、１００名を投降に導くことができたとしても、新たな１００名が入ってしまうのであれば、そこにどれほどの意味があるのだろうか、と考えることもできるだろう。もちろん、一人ひとりは別の人間なのだから、ミクロ的に見れば、そこには揺るぎない意義があるのだが、強大な憎しみの連鎖を解いていくという究極の目的を考えたときには、幾ばくかの無力感を覚えずにはいられない。

私たちの仕事が、誰にとってもわかりやすくて、誰もが勇気をもらえるようなものだとしたなら、どれだけ良かっただろう。また、様々な葛藤など抱えることなく、日々を穏やかな気持ちで過ごすことができたなら、どんなにいいだろうか。しかし、現実はそのような理想とはほど遠いものだ。それでも、私は理想と現実のはざまであがきつつ、じっと前を見据えている。絶望に搦《から》め取られることは簡単だが、それだけでは仕方がない。むしろそこから、新たな何かを立ち上げていくのだ。

およそ絶望的な紛争の現場から、私が見出したポイントが、四つほどある。

・共感も理解もできなくても、同じ人間であると存在を認める
・基本的にわかり合えないと想定する
・わかり合えない中で、何かわかり合えることがないか掘り下げていく
・最悪の場合でも、わかり合えないことを共有することはできる。そこに何を見出せるかを考える

対話すら難しい相手とは言っても、彼らはせいぜい私たちと同じ人間だ。本物の悪魔や宇宙人など

ではない。たとえ悪魔にしか見えなくとも、私たちと同じ人間なのだ。いつかは共に死にゆく運命にある。そうであれば、どこかに可能性を見出すことはできるはずだ。そのためには、結局、対話が必要なのだ。

しかし、もともと対話など難しいわかり合えない相手だからこそ、ここで言う対話とは、言葉を交わすことだけではなく、ただ相手が言うことを聞くだけであったり、相手に対するこちらの姿勢を示すだけだったり、間接的に時間をかけて私たちの想いを伝えていったりと、様々な形を含むものだ。こうしたことを、どれだけ相手の近くで実行できるか、伝えられるか、話せるかということに、様々な問題を解決へと導いていくための鍵があると、私は考えるに至った。

そこでは、一度「相手を受け止める」、「存在を認める」ということが何よりも大切だ。たとえ相手が狂った悪魔のようにしか見えないとしても、それを続けていくしかないのである。そのうえで、相手の信条や想い、価値観などといった深いところにまで下りていき、そこから共に存在を許し合える、認め合えるような形を探りながら、実際にそれを創っていく。その際には、どちらかが許すということではなくて、双方に許し合わなければならないのだ。その地道な努力の果てに、真に多様で平和な社会が実現できるのだろうと思う。

私たちの取り組みには、常々、その正確な答えはない。ただ、確かに、何かしらの小さな希望はある。それは、人と人の間に隠れている。互いにわかり合えないのであれば、まずはそのことを共有し、そこから何かを見出すことができるかを探っていくことが大切なのだ。たとえ絶望に打ちひしがれているときであっても、そうした可能性に目を向け続けていくならば、いつかはこの私たちの苦悩さえも、何か素晴らしいことへとつながっていくと信じることができる。そして、こうした難しい現場では、深刻で大きな課題が山積しているからこそ、どうせなら、みんなで解決していこうと力を合わせた方がいい。そうした中で、最も重要な人物こそ、当事者である彼らだ。

最初は「ようこそ」と彼らを更生施設の中で私が迎えていたが、今では「ようこそ」と、逆に彼らが私を迎えてくれる。こうした小さな日常の中に、一人ひとりとの関係性の中に、何かが芽生えてくるように感じる。

ある日の午後、ソマリアの現地スタッフのみんなとコンパウンドの中にある海岸に行き、写真をたくさん撮った。快晴でとても気持ちの良い日だった。そのとき、世界はなんと美しいのかと、ふと思ったのだ。眩《まぶ》しさの中に消え入りそうな気分だった。イエメンでも、投降兵や帰還兵のみんなと遠くの山々を見つめながら、多くの写真を撮った。こんなにも人種や信条、立場の異なる私たちが、共に美しい時を愛しみ、その記憶を留めようとしている。こんな些細なことの中にも、私は可能性を感じるのだ。

嫌になってしまうことも多いが、それでも、こうした可能性がいつも私を呼び覚ましてくれる。私たちに託された多くの人々の温かい思いと、日々の中で見出される無限の可能性こそが、絶望の中で、いつも私をかすかに見える光の方へと導いている。

第6章◎「テロや紛争のない世界」を実現するために

イエメンでの取り組み

私たちはこれまでのソマリア、ケニア、インドネシアでの活動に加えて、2021年4月には中東のイエメンでの活動を開始した。その仕事はこれまでどおり、いわゆるテロ組織からの投降兵や逮捕者に対するケアなどの取り組みが主なものである。

イエメンでは2014年頃から激しい内戦が続き、深刻な人道危機が起きていたが、その深刻さと反比例して、注目する人や支援に関わる人が少なかった。私たちは、ソマリアのような場所でテロ組織からの投降兵や逮捕者を対象にした取り組みをしてきたという経験と実績があったからこそ、イエメンを無視することができなかった。外資系の戦略コンサルタントたちと相談しながら構築した私たちの中長期経営計画では、もともと2025年頃までにソマリアのような難しい紛争地での活動を、もう一つか二つ増やすという予定であった。しかし、そこまで待っているというのは、それこそ私たちらしくないのではないかとも考えるようになった。

そこで、イエメン政府関係者や国連機関、国際NGOなどと協議を重ねながら、できるだけ早くイエメンでの活動を開始するべく、その準備を2020年から始め、予算をどうにか確保し、イエメン

■イエメン・アデン周辺位置図

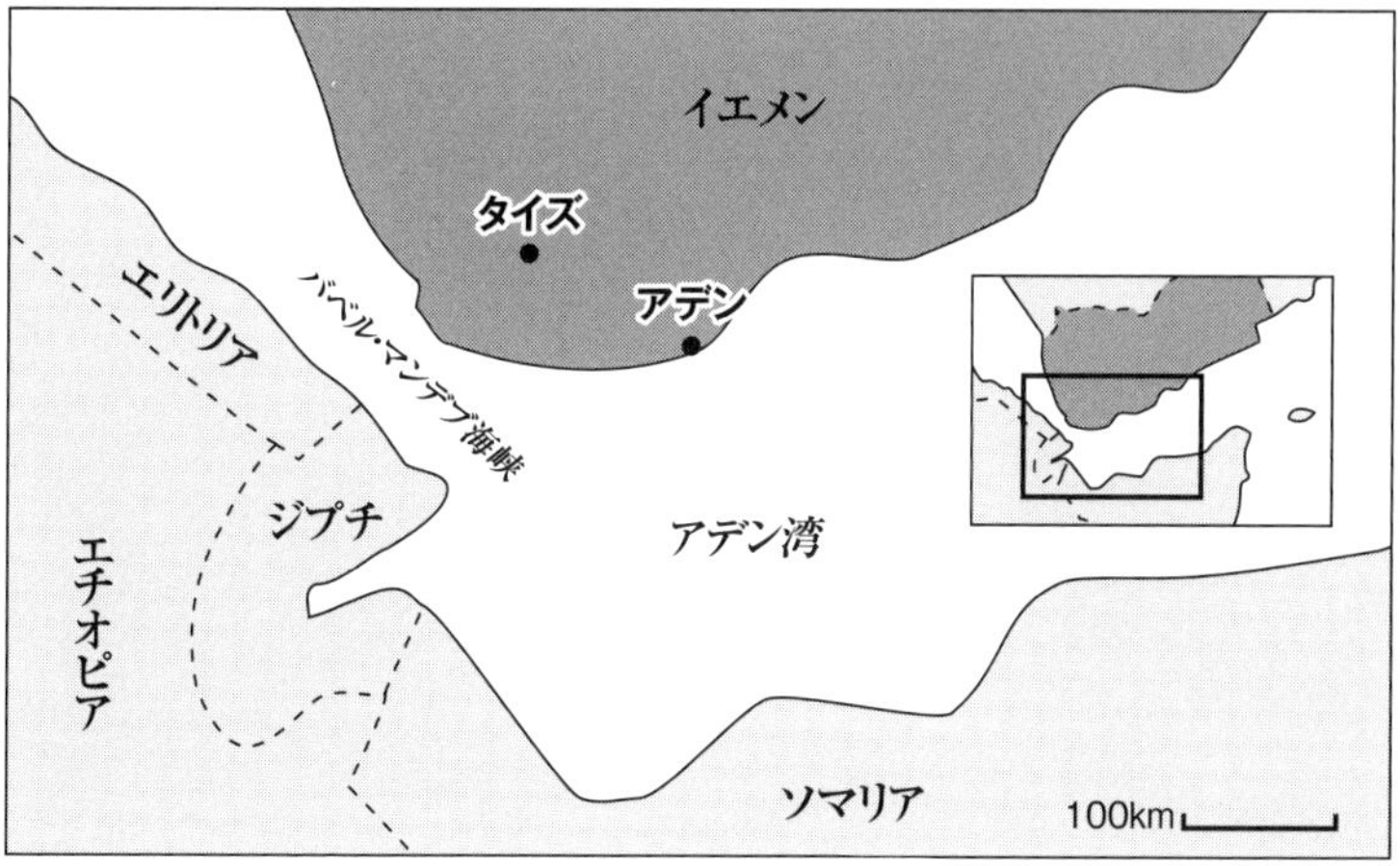

での取り組みを開始したのである。これは、私たちにとってたいへん画期的な出来事ではあったが、もちろん簡単なことではなかった。それでもイエメンでの活動を始めることができたのは、アクセプト・インターナショナルを支えてくれている多くの方々や、私の決断に理解を示し、協力を惜しまなかったメンバーたちのおかげだ。

イエメンにおける紛争は、その当事者が複雑に入り組んでいるうえに、国内を取り巻く状況が年々刻々と変わっていくという難しさがある。それでいて、2014年に首都サヌアを制圧した反政府武装勢力であるアンサール・アッラー（いわゆるフーシ派）は、もともとシーア派の系譜を持つということもあり、シーア派の総本山であるイランから、事実上、軍事的・経済的な支援を豊富に受けている。そのため、彼らの武器はハイテク技術を駆使した最新鋭のものも多く、弾道ミサイルや自爆ドローンのほかにも、機雷なども使用して、イエメン国内どころか、隣国のサウジアラビアやアラブ首長国連邦に対しても攻撃を繰り返している。

また、彼らの支配領域においては、子どもや若者を兵士として差し出すように強制したり、停戦合意中においても攻撃を続けていたり、時には一般市民への攻撃もためらわないことから、国連安全保障理事会はフーシ派をテロ組織と認定している。なお、彼らのスローガンは、「神は偉大なり。アメリカに死を。イスラエルに死を。ユダヤ教徒に呪いを。イスラームに勝利を」というものだ。

フーシ派に応戦するイエメン政府側も、決して一枚岩ではなく、2015年にフーシ派によって首都サヌアが制圧されるとすぐに、イエメンのハディ大統領はサウジアラビアへと逃亡し、イエメン政府は南部の都市アデンを拠点とする暫定政府となってしまった。こうした状況の中、サウジアラビアはハディ大統領とイエメン暫定政府を支援するべく、アラブ諸国と連合軍を結成し、これを主導してイエメン国内に空爆を開始するのだが、これにより、多くの市民が犠牲になった。

また、イエメン暫定政府側には、イエメン南部の分離独立を望む一派である「南部暫定評議会」がいたが、２０１７年頃からはイエメン暫定政府との関係が悪化し、２０１８年にはなんとアデンにて双方での戦闘となり、南部暫定評議会が同都市をほぼ制圧してしまったのである。そこには彼らを支援するアラブ首長国連邦の影がちらついており、そして、サウジアラビアやアラブ首長国連邦を支援する欧米諸国もあり、さらにはフーシ派を支援するイランがいるというように、各国の代理戦争の様相を呈しながら、混沌《こんとん》とした状況が続いてきた。

今では、イエメン暫定政府の大統領権限は「大統領指導評議会」に移行され、いくつもの反フーシ派勢力などとも一応の協力関係を保ちながら、共にフーシ派勢力と戦っている。しかし、混乱に乗じる形で、今度はアラビア半島のアルカイダやイスラーム国（ＩＳＩＬ）などのより過激な暴力的過激主義組織も活動している状況だ。

こうした中で、イエメンではこれまでに約37万もの命が消えた。国連によると、空爆や戦闘による死者は4割ほどで、残りの6割は紛争から生み出される生活や医療の崩壊による飢餓や感染症などを原因とするものであるとしている。こうしたことからも、いかに武力紛争が愚かな行為であり、罪のない人々に対して様々な問題を引き起こすかということが、よくわかるだろう。

私たちはこのイエメンで、戦略上非常に重要な場所であるタイズにおいて、現地政府や現地NGOと共に、フーシ派からの投降兵やフーシ派支配領域から逃げてきた帰還兵を脱過激化と社会復帰へと導くための取り組みを始めたのだ。もともと政府の職業訓練学校だった施設を一部借り上げ、そこを拠点にして、カウンセリングやイスラーム教再教育ゼミ、基礎教育プログラム、職業訓練などのプログラムをおこなっていくことにした。施設長のアブディは、投降兵や帰還兵の受け入れを最後まで心配していたが、最終的には私たちとの協力を合意してくれた素晴らしい人物である。

この地では、特に帰還兵の受け入れに際して、彼らの親をいかに説得できるかということが大きなポイントとなった。というのも、フーシ派の支配領域においては、各世帯に対して、息子をフーシ派の学校に入れるよう指示がある他、戦闘員として息子を徴兵されるケースも数多くあり、彼らの親は、そうした状況から、どうにかして息子たちを逃がしたうえで、自分たちも逃げてきた人たちなのである。このような親たちからすれば、息子に対する私たちの取り組みは彼らを集める罠《わな》であって、そこでは逮捕や拷問《ごうもん》が待っているのではないかと、真剣に考えている人は多いのである。だからこそ、私たちはそうした親たちにも直接会いに行き、しっかりと話すことにしている。一つひとつ話しながら安心してもらったうえで、彼らに協力してもらえるようにするのである。

一度、大声で「信用できるか、こんなもの！」と、ある父親から言われたことがあるが、それでもその父親は最終的には私たちに賛同してくれたうえで、応援までしてくれるようになり、さらに多くの若者たちが私たちのプログラムを受けられるように、取りはからってもくれた。彼らは皆、自分たちの子どもがフーシ派に利用されたことに対して、並々ならぬ怒りを覚えていた。だからこそ、いざ自分たちの息子を救おうと決めたときには、私たちに対して、数多くの手助けをしてくれたのだ。

イエメンにおける、私たちの脱過激化と社会復帰への取り組みは、20名を一つのグループとして、最終的には5グループを受け入れ、合計100名に対してプログラムを提供することを目指した。この取り組みを開始した当初は、新型コロナウイルス感染症が世界で猛威を振るっていた時期でもあり、リモートを活用しながら活動を進めていった。イエメンでは、新型コロナウイルス感染症でも数多くの犠牲者を出しており、ソマリアやケニアに比べると、私たちが現場へアクセスすることは簡単ではなかったが、それでも前へと進んでいった。

まず私が降り立ったアデンは、たいへん興味深い場所であった。古くからヨーロッパとインドを結ぶ要衝の港として栄え、19~20世紀にはイギリスに植民地として統治されたという歴史を持つ。そうした歴史もあってか、今もどこか、懐かしい雰囲気を感じることができる。街全体を不毛な岩山が取り囲んでいるが、それでいて、大きな海が果てしなく広がってもいて、そのコントラストがまた絶景である。

アデンでも、私たちは移動の際、防弾車を使用したり、護衛を付けたりする必要があるが、その護衛たちはよく訓練されており、「AK12」のような最新鋭のアサルトライフルを装備してもいる。

町中《まちなか》には、戦闘や空爆によって開いた穴や銃痕が残る建物が多数あるうえに、今でも時折、攻撃を受けることもあるが、それでも、いつでもどこでも攻撃されるという場所ではない。そうした意味では、リスクコントロールはしやすいと言える。とは言え、国内線の飛行機はまだ飛ぶことができないことから、私たちがプログラムを実施する地であるタイズまで移動するにあたっては、ひたすら車を走らせることになる。多くの検問所を抜けていき、徐々に舗装されていない道になり、そこからいくつもの山々を、ぐねぐねと越えていく。護衛たちと食事を共にしながら、また、アラビア語の難しさを楽しみながら、プロジェクトの実施地へと向かうのだ。

タイズまでの道のりの途中では、私たちを乗せた防弾車は雲を抜けるのだが、そのときに目の前に広がる山々は、本当に「素晴らしい」の一言に尽きる。雲を抜けたところで、みんなでしばし休憩をするのだが、「日本人がこんなところにいるなんて珍しいな」と、現地の人々が声をかけてくれたりもする。

そうして、私たちがようやくタイズまでたどり着いたところで、インターネットが使えなくなってしまうということもあった。というのも、インターネット基地に空爆が命中してしまったのだ。そこから数日間は、インターネットが使用できない毎日である。とは言え、さすがに現地の人々はこうしたことにはもう慣れている。

「いつインターネットが復旧するかは、わからないよ。明日かもしれないし、1か月後かもしれない。それまでは、電話を駆使するのさ」

イエメンの現場では、紛争により国内線が止まっているため、私たちは美しい山々を越えて紛争の現場へと向かう。

イエメンにおいても、やはりテロ組織からの攻撃を受けるリスクがあるため、移動の際には防弾車を使用するほか、護衛のため、このような武装車を車列の前後に付ける。

そう言われて、私にはリスクコントロール上で必要な連絡を取り合う必要などもあるので、久しぶりに衛星電話を使用したりもした。

ちなみにイエメンでは、インターネットどころか電力が使用できないときも、多々ある。というのも、内戦が勃発《ぼっぱつ》してからは、まともな電力供給が止まってしまい、ガソリンを使用した発電機で、日常生活に必要な電力をやりくりしている場所がほとんどなのである。ここタイズでは、地域最大の病院ですら、そうした状況にある。ただ、こうしたことは、紛争地では珍しいことではない。

さて、イエメンにおける私たちのプログラムの対象者であるが、これはどの国でも同じことではあるのだが、本当に、ただただ、その辺にいるような、普通の子どもや若者にしか見えない。彼らの平均年齢はちょうど20歳で、中には15歳や16歳の子どもも混ざっていた。彼らはみんな、もともとはフーシ派にいた人々だ。

例のごとく、カウンセリングをしていくことになるのだが、彼らは皆、一様にフーシ派の過激思想を叩《たた》き込まれており、そのうえで前線に送られていた人たちも少なくない。そのような複雑な過去を持つ彼らの心をほぐしていくことは、そう簡単なことではないが、まず私たちがやることは、どの国であっても同じだ。彼らの想いを、まずはそのまま受け止めていく。これまでの人生で大変だったことや、辛かったこと、本当はどのように生きたかったのか、あるいは、これからどうなりたいかなどを、彼らといっしょになって紐解《ひもと》いていき、そして整理していく。

また、もちろんイエメンの現場でも、私たちは彼らといっしょにご飯を食べる。輪になって座る中に、料理が盛られた大きな皿をどんどん置いていき、それらをみんなでシェアしながら食べるのだ。薄いナンのようなものを少しちぎり、それに何かおかずとなるようなものをつまんでは、口へと運ぶ。口直しの野菜として、ときどき、輪切りにされたネギと小さな大根が出てくることもあって、なんとも不思議な気分だ。スパイスが効いた丸焼きのチキンも美味で、やはり国によって料理も全く違ってくるものだなと、しみじみ感じてしまう。

「先生！　ナルトを知っているかい？」

日本が誇る少年漫画である「ナルト」は、イエメンでも非常に人気がある。ここにいる若者たちは、どうやらインターネットでナルトのアニメを見たようで、「先生」という単語を知っており、私のことを「ヨスケ先生」と日本語で呼んでくれる。ちなみに「ナルト」の登場人物の中には「サスケ」という人気キャラクターがいることから、私はしばしばサスケとも呼ばれる。

「ヨスケ先生、僕の名前を日本語で書いてくれよ！」

「僕も！　この紙に書いて！」

と、みんな興味津々だ。彼らの要望を受けて、「アブディカマル」、「ターレク」、「ユアン」のように、私が彼らの名前をカタカナで書いていくと、いっせいに歓声が沸く。私が日本人であるということで、これほどまでにちやほやされたという経験は、イエメンが初めてであった。これまで日本の文化を担ってきた先人たちや、日本の文化を世界に発信し続けている人々のおかげで、こんなに遠くまで来ても、私が日本人であることが、大きな意味を持ってくる。日本の漫画と言えば、イエメンでは「ワンピース」も人気であるし、「ハム太郎」の落書きも見かけた。こうしたことは、私にとっても嬉《うれ》しいサプライズである。

イエメンでの脱過激化・社会復帰プログラムにおける職業訓練は、ソーラーパネルの設置と、そのメンテナンスという内容になっている。これは、電力が不足している現在のイエメンでは非常に有益なスキルであり、現地の労働市場で通用するように考慮したうえで、プログラムの内容を決めたのである。実際、イエメンでは、国内避難民キャンプであっても、山の途中の村であっても、大小含め、実に多くのソーラーパネルを見かける。ここまでソーラーパネルが多い現場は、初めてだ。そもそも、私たちがプログラムをおこなう施設でも、ソーラーパネルを使って、どうにか発電をしているのである。

そして、私たちの職業訓練プログラムの中で使うバッテリーには「Japan Quality」と書かれてあり、みんな「これは日本のだぞ!」と言っては、大いに喜んでいる。しかし、よく見てみると、小さくパキスタン製と書いてあり、製品を買ってもらうために、販売者が日本のクオリティであると書いたであろうことがわかる。たとえ紛争地であっても、日本製には抜群の信頼があるものだ。

私たちがイエメンでの仕事を開始してから1年と6か月が経《た》ち、ちょうど合計100名の若者たちがすでに巣立っていった。とは言え、ここから彼らに対する6~12か月間にわたるフォローアップ期間が始まったところで、まだまだ彼らとの日々は続いていく。彼らの人生は、プログラムの期間などは軽々と超えて、続いていくのだ。

イエメンにおける職業訓練プログラムでは、ソーラーパネルの取り付けとメンテナンスをおこなう。イエメンでは電力供給が不安定であるからこそ、非常に重要なスキルとなっている。

イエメンでは、2022年4月2日にフーシ派とイエメン暫定政府側での2か月の停戦合意が結ばれた。この停戦合意は非常に有意義なものであり、様々な関係者の尽力によって、その後3度延長された。その間、ここタイズでも、停戦期間中とは言え、フーシ派による攻撃が何度もあったが、それでも空爆は止まり、攻撃の回数自体は大きく減った。そうして、2015年以来、死者数が最も少なくなるまでに至った。

私たちも、この停戦合意を好機として、フーシ派との捕虜交換と、こちら側から送り出す捕虜たちへの脱過激化と社会復帰プログラムの実施に関して合意を取り付けることができた。ただの捕虜交換では、交換の後にそのまま兵士として戻ってしまうことが多いからこそ、彼らが別の生き方も実現できるように、私たちはその前にリハビリテーションプログラムをどうにか組み入れることにしたのだ。

ちなみに、イエメンでは、カートという軽い覚醒作用がある植物を噛《か》みながら、プライベートな空間でリラックスして様々な議論を重ねていくという文化が、昔から存在する。私たちの交渉は極めてセンシティブなものであることから、毎日午後15時頃から4～5時間ほどカートを噛みながら、ひたすら交渉を続けた。フーシ派の交渉相手は、最初のうちは非常に態度も悪く、私との対話に興味もないようであったが、カートを噛みながらの「カートミーティング」を数えきれないほどに重ねるうちに、徐々に私の話を聞いてくれるようになっていった。カートは、ソマリアでも嗜《たしな》まれており、実のところ私はすでにその扱いに慣れてもいた。こうした小さなことが、前線の交渉では重要な意味を持ってくることもあるのだ。

捕虜交換と捕虜への脱過激化・社会復帰プログラムに関して、フーシ派担当官との交渉を重ねる。連日3、4時間にわたる「カートミーティング」を粘り抜いて、合意に至った。

こうして、私たちがフーシ派と数多くのギリギリの交渉を経て合意されるに至った、この捕虜交換を組み合わせた脱過激化・社会復帰の取り組みは、極めて画期的な出来事であり、イエメン史上初のものである。

タイズ最大の刑務所であるタイズ中央刑務所には、フーシ派からの投降兵、抑留者、受刑者たちが多数収容されている。タイズの町においても、銃撃や砲撃、そして空爆の傷跡が見られるが、この刑務所でも同様にその痕跡が見られる。2015年にはフーシ派勢力に侵攻され、この刑務所が破壊されると共に、当時収容されていた1500名ほどが脱獄してしまうという事件が起こった。また、2020年にはフーシ派からの砲撃を受け、刑務所内部で30名もの死傷者が出ている。

この刑務所の中で150名ほどいるフーシ派からの投降兵、抑留者、受刑者たちを、フーシ派との捕虜交換の人員として、その捕虜交換までの8～10か月間のうちに、脱過激化と社会復帰のプログラムを提供するというのが、私たちのさらなる取り組みだ。私自身は、フーシ派との捕虜交換交渉における調停委員会に特別アドバイザーとして正式に招聘《しょうへい》されてもいて、2022年10月よりこの刑務所での仕事をおこなっている。

この刑務所では、まずは施設の修繕や、対象者に対する医療ケアなどを施しつつ、全員に対してカウンセリングをおこなうこととした。また、彼らに対して教育プログラムやイスラーム教再教育ゼミを実施するほか、ソーラーパネルの設置とそのメンテナンスに関する技術を身につけるための職業訓

タイズ中央刑務所。イエメンにおいて最も危険な刑務所の一つだが、私たちはここで、フーシ派からの投降兵、抑留者、受刑者たちへ脱過激化・社会復帰プログラムを展開している。

練を軸にしながら、彼らが抱える過去のトラウマをケアしてもいる。

最終的に捕虜交換の枠組みで釈放するという特殊性を考えると、釈放後の社会復帰先についてさらなる交渉と施策が必要となることは明らかである。ただこれも、拠《よ》るべき教科書などはない。それでもやるべき必要があり、うまくいけば、紛争解決への大きな一歩となることは間違いないため、イエメン政府側や、欧州連合の担当者などと、現在も議論を重ねている。

刑務所に収容されている彼らが外の世界に戻ったときに、武器を置いて別の生き方を選択し、それを実現することができたなら、それは非常に有意義なことだ。すべての若者たちが、望めばテロリストではなく、ごく普通の若者として復活できる場所を、ゼロから構築していく。それがどんなに険しい道のりであろうが、私たちは挑戦する。周囲をフーシ派に包囲され、そして停戦期間であっても迫撃砲と砲撃が容赦なく飛んでくるここタイズのど真ん中であっても、そうした私の想いはぶれることはない。

刑務所の中で数回にわたるカウンセリングを終えた25歳のファサドは言う。

「このどん底の中で、ようやく希望を見つけることができた。早く家族に会いたい。故郷で電気工になれたら最高さ。神に感謝しているよ」

彼らは、この世のすべてから取り残されてきた。刑務所の中で、ある一人の青年と話をしたときに、「私にとっては、死ぬことが唯一の希望だ」と言われたこともある。社会から、世界から取り残されてきた彼らと共に、私たちはどんな世界を描けるのだろうか。

ソマリアでも、イエメンでも、その他様々な場所で、私はこれまで数多くのテロリストと呼ばれる若者たちと接してきた。そこで気がついたことは、彼らの多くは、本当に私たちと何も変わらないごく普通の若者だということだ。ソマリアギャングから始まり、世界的に有名なテロ組織にいる兵士たちに至るまで、皆私たちと同じ若者だったのだ。そうした彼らが、真に若者として生きていくことができるようになれば、それは自《おの》ずとテロリストではない生き方になる。これこそが、私たちが目指すことだ。

見えざる「若者」

国内外で若者の重要性が説かれて久しい。若者こそが明日のリーダーであり、若者たちを応援していこう、支えていこうという大きなトレンドが、全世界ではっきりと形成されている。「誰一人取り残さない」というモットーを掲げるSDGsが社会に浸透していく中でも、若者をもっと盛り上げよう、若者の声をもっと反映させようという意識が広がってきたのである。

今日では、国際的な政策決定の場面においても若者は重要とされており、今や国際会議などには、必ず若者の代表を参加させる必要がある。ほかにも、「若者エンパワーメント」、「若者参加」、「若者支援」など、若者の重要性を表す数多くのキーワードが、国内外で散見される。紛争地や開発途上国においても、平和構築や開発に果たす若者の役割が不可欠であり、政策決定の過程から彼らの参画が必要であるという認識が共通理解となり、それをさらに強化していこうという動きもある。

こうした動きがあることは、純粋に素晴らしいことだ。というのも、現代社会において、全ての若者が適切な支援を受け、自分自身の人生を選択し、各々《おのおの》の目標を達成できるような環境にいるわけではなく、厳しい状況の中に置き去りにされてしまっている若者も、いまだに数多く存在するからだ。

たとえば、多くの若者が人権侵害や高い失業率、政策決定過程における発言権の欠如などの問題を抱えてきた。また、紛争や過激化の要因となる経済的及び社会的な不満や屈辱、怒り、絶望といった感情を多くの若者が抱えている。さらに、特に紛争の影響があるような場所においては、テロ組織や武装勢力からの脅迫によって、あるいは、自分の家族やコミュニティを守るために、強制的にそうした武装集団に加入せざるを得ないケースも非常に多く存在しているのである。

さて、ここで言う「若者」は、基本的に年齢によって定義される。国際的に統一された定義はないが、たとえば国連総会では15歳から24歳までが若者とされているほか、国連安全保障理事会では18歳から29歳までが若者とされている。また、アフリカ連合ではその上限が35歳までとなる。さらには、39歳まで若者の幅が広がるときもある。

このように、定義における年齢の幅は様々であるが、たとえば15~29歳の人口だけを取っても、現在18億人ほどがおり、これは世界の全人口の23%を超える数である。そして、こうした若者の90%近くが開発途上国に暮らしており、その数は今後さらに増えていくと見られている。脆弱《ぜいじゃく》な立場ではありながらも、活力と可能性を秘めて、社会をより良くしていく主体となっていくであろう若者とは、こうした年齢層の人々のことを言うのである。

私もこれまで、まさにこうした若者の一人として、国際会議や国際サミット、さらには若者のためのイベントなど、それこそ国内外で数多くの場に参加してきた。思えば、はじめにソマリアの問題をどうにか解決したいと私が言い始めたときは、ほとんどの大人たちに反対された。ただそれでも、大きく社会全体としては、頑張る若者を応援しようというような雰囲気があり、学生の頃から、私は時折メディアからインタビューを受けたり、賞賛されたりすることもあった。若者であるというだけで、無条件で希望を託されるとしたら、これほどありがたいことはないだろう。そして、こうした若者の特権を存分に享受しながら、今も多くの若者たちが、テレビ番組から国際サミットに至るまで、様々な場所で自身の意見や主張などを発信しているわけである。

しかしながら、私はこうした状況に、これまで強烈な違和感を覚えてきた。それは、私たちが紛争地の現場で接している若者たちには、こうした機会が与えられていないからである。同じ若者であるにもかかわらず、若者の特権を活《い》かした場所にはいられない若者たちがいる。そうした場所にいないどころか、この地球上に存在していることすら忘れ去られているかのように、彼らは透明な存在になっているのだ。

その一方で、国際サミットや国際会議などの輝かしいステージで高らかに声を上げている若者たちもいる。たとえば、有名大学に在籍しながら意識高く行動をしている若者たちをはじめ、国際機関や外資系企業への就職を目指す若者たち、海外経験が豊富で英語も苦にならない若者たち、そして、SNSでインフルエンサーとなっているモデルやアーティストなどの若者たちである。彼らが「若者よ、立ち上がれ！」と、綺麗《きれい》な身なりで自信たっぷりに語っているわけである。

しかし、真に重要な存在は、そこにはいない若者たちだ。そこにいたくてもいられない若者たちや、そもそもそうした場所があることすら知らず、今後も知ることはないであろう若者たちこそが重要なのだ。

若者は社会を良くする主体者であり、明日のリーダーである。そして「若者」であるために必要な要件は、年齢だけだ。広くとらえれば、15歳から39歳までの人は皆、原理原則として、誰しもが若者なのである。つまり、たとえテロ組織からの投降者や逮捕者であっても、さらに言えば、今この瞬間にはテロ組織を含む武装勢力にいる人たちであっても、15歳から39歳までの年齢であれば、彼らは将来を嘱望された若者であると言えるはずなのだ。こう捉えると、無限の可能性があることがわかる。

たとえば、今はテロ組織を含む武装勢力にいる若者たちが、私たちが語る「若者」になることができるならば、テロや紛争に関わる人を減らすことができるばかりか、社会を良くしていく人が増えていくことにもなる。実際のところ、テロ組織を含む武装勢力の人員構成において、まさに若者こそがその圧倒的多数を占めている。彼らが「若者」として認識され、「若者」として生まれ変わることができるならば、それはテロや紛争の解決において極めて大きな意義を持つことは明白だ。

しかしながら、現状はこうした理想とはあまりにも異なっている。テロ組織を含む武装勢力にいる若者たちは、世の中から未来を担う若者として認識されているということはない。それればかりか、「テロリスト」や「犯罪者」、「人殺し」など、ただただネガティブな存在として認識されることの方が、圧倒的に多いのである。もちろん彼らが行った行為に関して、法の支配の下、適切に対処することは必要だ。それでも、依然として、彼らは若者であるという事実は、何ら変わらないのである。

実は、これまで述べてきた若者と同じような境遇にありながらも、適切に認識されて全世界的に支援される人々がいる。それは子どもの兵士、すなわち子ども兵だ。テロ組織を含む武装勢力に加入し、たとえば国際法上の罪を犯したような子どもたちに関しては、２００７年に採択された「軍隊又は武装集団に加えられた子どもに関するパリ原則及び指針」や、「子どもの権利条約」、「武力紛争への子どもの関与に関する選択議定書」などの強力な国際規範において、加害者としてだけでなく、主に国際法上の犯罪被害者として考慮されるべきであると認識されている。こうした認識が、紛争地の現場においてもしっかりと理解されているからこそ、子ども兵に関しては、彼らが本来の「子ども」として生きていけるように、しっかりとケアしていく体制が整えられているのである。

ソマリアであっても、アル・シャバーブから投降した人が18歳以下の場合には、子どもとしてユニセフ関連の子どもを対象とする保護センターに送られるようになっている。そこは、子どもとして守られ、教育を受けることができるほか、たくさんのレクリエーションもある非常に明るい場所である。子どもには国際法上、生きる権利があり、育つ権利があり、守られる権利があり、そして参加する権利も持っている。こうした認識が共有されているからこそ、紛争地における子どもへの取り組みは、若者と比較すれば非常に充実したものになっているのだ。

さて、「若者」については、どうであろうか。今はテロ組織を含む武装勢力にいる若者たちや、そこから抜け出した若者たちは、「子ども」に比べてどうであろうか。そうした見えざる若者たちに対して、私たちはかける言葉を持っていない。もちろん現場レベルでは、様々な言葉を彼らに投げかけているが、それは私たちのような極めて特殊な取り組みをおこなっている者による、数少ない言葉にすぎない。これが現実なのだ。

だから、言葉を創る必要がある。彼らに届く、確かな言葉を創る必要があるのだ。そしてその最たるものが、強力な国際規範なのである。子どもとは異なる「若者」が持つべき特有の権利、それらの拠り所となりうるような国際的な規範こそが、今まさに求められているのだ。これは、罪を犯した彼らを「免罪しろ」、「死刑を止めろ」、などということでは全くない。そうではなくて、そうした人間であっても、その存在をまずは認め、受け止め、そして、彼らを私たちと同じ「若者」として認めるということである。そして「若者」として支えていこうということだ。

今はテロ組織を含む武装勢力にいる若者たちが、世界中の若者たちと同じように、本来の「若者」として生きていくことができたならば、どんな世界が待っているだろうか。

「言葉」を届ける

そこで、ひとまず私自身が、その言葉を紡いでみることにした。将来的には国際条約や原則のような国際規範の制定を目指しつつ、様々な検討を重ね、専門家との議論も交えながら、２０２１年9月27日、ちょうどアクセプト・インターナショナルの設立10周年記念日に、それを公開した。それは、「テロや武力紛争に関わる若者の権利宣言」と題するたった7項目のものだ。

テロや武力紛争に関わる若者の権利宣言

この地球で未だに続く、テロや武力紛争、そしてそれらによって生み出される難民や飢餓、社会の分断、さらなる憎しみの連鎖を直視し、全ての人間が持つ人権の尊さとその重要性を改めて認識する。

そして、人間の安全保障という概念の下に、全ての人間が、恐怖からの自由、欠乏からの自由、尊厳を持って生きる自由を持つことが、持続的な平和、そしてテロや武力紛争の解決に不可欠であることを改めて認識する。また、この点において、２０３０アジェンダが掲げる「誰一人取り残さない」という姿勢の重要性をも改めて認識する。

また、一般的な人権の話を越え、若者・平和・安全保障（ＹＰＳ）アジェンダに沿い、特にテロや武力紛争の解決と平和構築、紛争予防において、子どもでもなく大人でもないその中間的存在だからこそ独自のニーズを持つ若者の権利の重要性を改めて認識する。

なお、若者の定義においては、平和と安全保障における若者の役割を示した国連安全保障理事会決議２２５０において18～29歳とされている。しかし、各国、各地域、各機関によって状況は異なることから、15歳以上や39歳以下といった人々をも含む柔軟性を持っていることを確認する。

さらに、その若者の権利において、政策においても、実践においても、国の軍隊と異なるテロ組織を含む武装集団に関わっている若者が取り残されていることを確認する。そしてそのことが、テロや紛争をさらに助長し、持続的平和を損なう大きな要因となっていることをも確認する。故に、そうした若者をも含めた、若者の権利を全世界的に確認する必要があることを確信する。

当「テロや武力紛争に関わる若者の権利宣言」は、社会の各個人、各機関および各国家が、国の軍隊と異なるテロ組織を含む武装集団に関わる若者をも含めたすべての若者に対して、人種、国籍、性別または信条などに関する一切の事由に関わりなく、以下の諸原則を尊重および遵守し、すべての人民とすべての国とが達成すべき共通の基準となるように、宣言する。

1. 若者は、国の軍隊と異なるテロ組織を含む武装集団に関わっているとしても、変わらず若者であり、社会を良くする主体者でもあると認識されなければならない。また、そうした若者も含め、若者の声は広く政策などに反映されなければならない。

2. 若者は、国の軍隊と異なるテロ組織を含む武装集団に関わっているとしても、子ども期から成人期の移行過程であり、特殊な立場に位置することを考慮し、状況や文脈に応じて若者としての独自のニーズに対応されなければならない。

3. 若者は、国の軍隊と異なるテロ組織を含む武装集団に強制的・半強制的・環境的に動員されている場合に際して、若者として生きることができるように、個々人のニーズに合わせたケアや支援、保護などの必要な措置を受けることができなければならない。

4. 若者は、テロ組織を含む国の軍隊と異なる武装集団において犯罪行為を行った場合に際して、人道に対する罪や戦争犯罪といった重大な違反行為を除き、更生やリハビリテーションを中心とした措置を受けることができなければならない。また、特に紛争影響地においては、犯罪行為の環境的要因などを考慮し、修復的司法および正義が十分に検討される必要がある。

5. 若者は、国の軍隊と異なるテロ組織を含む武装集団から自発的に脱退をしたいと考えた際には、脱退できるようにケアや支援、保護を受けることができなければならない。また、自発的に脱退した際には、原則として懲罰ではなく更生を目指す措置が取られるべきであり、そこでは積極的に適切な恩赦の活用も検討されるべきである。

6. 若者は、国の軍隊と異なるテロ組織を含む武装集団に関わっているとしても、テロリズムや武力紛争による直接的および間接的被害者である場合に際して、適切にケアや支援、保護を受けることができなければならない。これは人道的側面を越え、さらなる暴力を予防するためにも被害者はケアされる必要があり、そこでは一般的には被害者として認識しにくい構造的な被害者も存在することが意識されなければならない。

7. 若者は、国の軍隊と異なるテロ組織を含む武装集団に関わっているとしても、若者としてその役割を果たすことができるように、身体的、精神的、経済的に健やかで、飢え、病気、障害など全ての分野において適切なケアをされなければならない。また若者は、あらゆる搾取から保護されなければならない。また、親や保護者がいない若者や一定の住居も持たない若者は適切に支援されなければならない。

アクセプト・インターナショナルは、本宣言が持つ目標に向けて、本宣言を通じて、テロや武力紛争に関わる若者の権利への社会的認識を向上させ、武装集団や各国政府、国連、NGO、市民社会などにおいてそうした若者に関する幅広い議論を促進し、既存の国際人道・人権法を補完し、そして実際の行動への変化をもたらすべく、活動する。

アクセプト・インターナショナル代表　永井陽右

この宣言は、私がひとまず提案したものにすぎない。そして、これからさらに改良を重ねていくつもりだ。

たとえば、彼らの権利を推し進めるよりも、子どもではなく若者ということを加味すると、よりエンパワーメントという要素を前面に出す必要があるだろう。また、繰り返しではあるが、若者であれば、誰でも無条件に恩赦などで免罪とすべきだ、などということには、決してならない。その本質は、紛争やテロリズムに巻き込まれた若者たちが、本来の若者として復活できるように、規範を打ち立て、彼らに対する実際的な施策を増やしていくことである。

もちろんこの宣言には、何か国際的な効力があるわけではない。しかし、思えば、子ども兵への規範と、その取り組みを大きく向上させるきっかけとなった「子どもの権利条約」も、まさにこのようにして、たった一つの、効力を持たない一方的な宣言から始まったのだ。だから私たちもこの宣言をスタートとして、然《しか》るべき言葉へと、みんなで紡いでいこうと思うのだ。

「テロや紛争のない世界」を実現するために

「テロや紛争のない世界」を実現したいと考えたときに、紛争地の現場における仕事をさらに増やしていくだけでは、その目標に到達することがあまりにも遠すぎるということを、この数年にわたる歩みの中で、私は確信した。もちろん、これからも私たちは紛争地の最前線での仕事をさらに展開していくつもりである。

だが、それと同時に、現場とは対極にある国際社会の認識を動かす国際規範を打ち立てることこそ、これからの私たちがやるべきことなのだという結論に至ったのである。

国際条約のような国際規範を定めることができたとしても、それを以《もっ》て、テロや紛争などの問題がすべて解決するということはありえない。そんなことは、紛争の最前線で仕事をしている私には、十二分にわかっていることだ。

しかしながら、然るべき国際規範を打ち立てることができたならば、テロや紛争の解決に向けて、さらに多くのアプローチをおこなうことができるようになることは間違いない。それは、子ども兵への取り組みの歴史を見れば、明らかだ。そして私たちは、まさにその最先端で実務を担っていく者になるべきなのだ。

また、こうした国際規範を打ち立てるということは、私たちの姿勢を、今はテロ組織を含む武装勢力にいる若者たちに対して示すことにもつながる。対話というものは、何もお互いに言葉を交わさなくても始めることができる。それは、自らの姿勢を相手に見せることだ。私たち国際社会が、彼らを若者と認識し、若者として支援するという姿勢を見せる、示すということ。そしてその言葉を、彼らにこちらから届けに行くのだ。

とは言え、「テロや紛争のない世界」を実現するという大きな目標もそうであるが、ましてや、国際条約などの国際規範を打ち立てることなど、テロや紛争といった分野やその対象などを考えると、あまりにも難しい目標であるということは、百も承知している。しかし、私は、それが難しければ難しいほど、やってやろうと思うのだ。今はひとまず、10年スパンで計画し、この国際規範の制定を目指して、それに向けて実際に動き始めた。

専門家たちと議論を重ねていく中で、最初に私たちに強く興味を持ってくれて、様々なアドバイスをくれたのは、ジュネーブ大学の国際人道法・人権法の権威であるマルコ・サッソーリ教授と、ハーバード大学のナズ・モディルザデェ教授だった。

「それは、とてつもなく難しいことであるが、崇高なことだ」との先生方からのコメントは、今でも私の気持ちを大いに鼓舞してくれている。

また、世界で最も人権についての議論がなされるスイスのジュネーブにある「国際人道法・人権法ジュネーブアカデミー」という専門機関からも、私たちの構想について、大きな賛同を得ることができたほか、共同研究と専門家会合の開催までおこなうことになっている。

まだまだやらなければいけないことだらけだが、ひとまず何をやるべきかだけは、見えている。ならば、全力で、真正面から挑み、それをやり遂げるのみだ。

結局のところ、私たちが理想とするところは、「武力」を「武力ではない形」でどう対処できるか、あるいは、「暴力」を「暴力ではない形」でどう対処できるか、ということの追求なのだと思う。

武力を武力で、暴力を暴力で対処することは簡単だ。しかしながら、それだけでは、憎しみの連鎖を解くことは恐ろしく難しい。そこで鍵となるのは、まずは相手を受け止めるということだ。それは、相手の存在を許し、認めるということだ。そして、当事者同士が、共にこの難題の解決に立ち向かっていく主体者になることができれば、それこそが平和の実現に向けた一番の近道だと、私は信じている。

こうした考え方は、極めて楽観的にすぎると思われるかもしれない。しかし、そもそも絶対的な価値などないこの世界の中で、それでも普遍的な価値を目指そうとすることこそ、まさしく人間の美しさだと思うのだ。

「人権があるのにまるで存在していない、この世界は残酷だ」と言うのではなくて、「世界は残酷なのにもかかわらず、どうにか人権なるものを創り実現しようとしている」と言う方が正しいはずだ。

となれば、目指すべきことを信じて進むことが大切であると思える。

「子どもの権利条約の精神的な父」と称されるユダヤ系ポーランド人のヤヌシュ・コルチャックは、ナチスドイツによるホロコーストの中で、子どもたちと生き続け、最終的には子どもたちと共に亡くなっていった偉人である。

彼は、凄惨《せいさん》な状況下において、孤児院を卒業する子どもたちに対して、自分は何も贈ることはできないが、「憧れ」を贈ることだけはできるということを、伝えていたそうだ。これから子どもたちが歩んでいく人生という長い旅路において、自分は神を与えることはできない、祖国を与えることはできない、人間の愛というものを与えることはできないとしたうえで、「より良き人生への、まことの、正しい人生への――今日ではありえない――〝あこがれ〟を贈ることができる」（近藤康子『コルチャック先生』岩波書店、p210）と語り掛けた。そしてその「憧れ」こそが、彼らを神や祖国、愛へと導くのだということを、固く信じていたのである。

あの時代にコルチャックと子どもたちが持った「憧れ」が、今確かに、子どもの権利を守る世界の規範として実を結び、燦然《さんぜん》と輝いている。そうであれば、私たちだって壮大な憧れを抱いたっていいのではないかと思えるのだ。

今、テロ組織や武装勢力にいる若者たちや、過去にこうした組織にいた若者たちと共に、その「憧れ」を抱くことができたなら、それこそが、目指すべき未来へと私たちを導いていくのだろう。そう信じている。

命ある限り

これからも嫌気がさすほどに大変で、果てしもなく長い道のりが待っているのだろう。そう考え始めると、うんざりもしてくるが、それでも私は、もう一人ではないということに気がついた。私を、そして私たちを、応援してくれる人や、信じてくれる人たちがいる。

また、自爆テロが起きても、ミサイルが落ちてきても、それでも前に進んでいく現地の人々の強さからも、たくさんの勇気をもらってきた。特に、テロ組織からの脅迫を受けながらも、気高く前を向く現地スタッフの仲間たちから受け取った気概は、今も私を奮い立たせる大きな原動力となっている。そうしたかけがえのない仲間たちに支えられながら、私は今も、こうして立っている。前を向いている。

振り返ってみると、これまで本当に、数えきれないほど多くの人々に支えられてきた。今も、そしてこれからも、私は多くの人たちに助けられながら、一歩ずつ前へと進んでいくのだろう。もはや私一人だけの想いではないし、私たちアクセプト・インターナショナルだけの想いというのも、なんだか物足りない気がしてくる。もっと大きな、私たちが目指すところを信じる無数の人たちと共に創る運動やモメンタムといったような、さらに気宇壮大なものであるように感じるのだ。

最終的には、私自身が不退転の決意を持つことができるかどうかが大切なのだと、静かに思う。自分はやれると信じるということ。私を応援してくれる人や信じてくれる人の存在こそが、今日も私の背中を押してくれている。だからこそ、私は胸を張って、自分の信ずる道を、真っすぐに突き進もうと思う。

途方もない困難や絶望が、まだまだ待ち受けているのだろう。十分に承知している。そのうえで、私はやる。そして、やれると信じている。すべての人が持つ無限の可能性を信じながら、関わる全ての人々と共に、走り続けようと思う。

また、もし私が志半ばでこの世を去ったとしても、私たちの歩みは止まることなく、さらなる高みを目指して進んでいくという確信もある。というのも、「永井さんが死んだとしても、自分がその遺志を継いでいきます」と言ってくれる仲間や、「もしこの組織がなくなったとしても、私たちの気概や姿勢というものは、きっとこれからも続いていくし、いつまでも残っていくと思う」と言ってくれる同志がいてくれるからだ。

私たちの組織は、みんな仲良しで常に笑顔が絶えない空間というわけではない。それよりも、目標を高く掲げ、それを実現するためにやるべきことを全力でやるぞ、というような空間である。どんなに辛いときであっても、私たちの使命こそが、私たちをつないでいる。だからこそ、私もその一端を担う身として、心から誇りに思うのだ。

これまでは、自分の心身をどれだけ削ってでも、最短コースで目標を達成しようと生き急いできたが、最近では、どうせなら、たとえ辛い道中でもそれを楽しもうと思うようにもなってきた。それこそ、これまで以上に多くの人々を巻き込みながら。

文字どおりのゼロから始まった私たちの旅路は、数えきれないほど多くの人々の想いが連なる力強い歩みだ。私たちは微力でも、無力でもない。極限の苦難の中でも平和を諦めない意志こそが、新たな地平を切り開く。私たちはこれからも、そうあり続ける。

人生は短い。そしておそらく一度きりなのだろう。また、突き詰めて考えれば、今この瞬間をどう生きるか、どうあるかということだ。

命ある限り、存分にこの命を燃やそうと思う。私たちが目指す――今日ではありえない――「憧れ」に向かって。

おわりに

紛争地から日本に戻ってきた際には、膨大な量の業務を終わらせるべく、私はしばしば事務所で夜通し仕事をする。私たちの事務所は、東京都中央区日本橋堀留町という、都心でありながらも江戸情緒がどことなく香るエリアにあり、すぐ近くには銭湯もある。朝まで仕事をする際には、夜な夜なそこに行って、長い夜を前に一度さっぱりすることにしているのだ。

そして、その銭湯がある緑豊かな十思《じっし》公園の隅には、幕末の志士である吉田松陰の辞世の句が刻まれた石碑が、屹然《きつぜん》と立っている。江戸時代、この一帯は伝馬町《てんまちょう》牢屋敷という当時日本最大規模の大牢獄であり、多くの人々が投獄・処刑された場所であった。

ここは吉田松陰終焉《しゅうえん》の地でもあり、彼の事績を顕彰するため、石碑が建立されているのだ。「身はたとひ 武蔵の野辺《のべ》に 朽《くち》ぬとも 留置《とどめおか》まし 大和魂」。銭湯で温まった体がまだ冷めやらぬ中で、激動の時代を気高く生きた彼の辞世の句をじっと見つめる。私もこんな生き方ができればと思う。私も死ぬときに、このように思えるのだろうか。

私にとって、死というものは、それほど遠くない所に存在している。紛争地で仕事をおこなう中で、これまで何人もの関係者たちが亡くなっていった。私自身ももちろん、死の射程にいる。難しい紛争の最前線で活動するプロとして、然《しか》るべき対策をしていたとしても、それでもいつかは、自分の番が来るのだろう。そんなことを、句碑の前にたたずみながら、ふと考える。

自分の死について落ち着いて思いを馳《は》せていると、10代や20代といった若い世代の人たちに対して、私は何を伝えることができるだろうか、とも考える。

私がそうした若者たちに何より伝えたいことは、「今の自分に何ができるか」という視座で物事を考えないでほしい、ということだ。地球上にある難しい諸問題を前にして、若者にできることは限りなく少なく、それは様々な経験を重ねた大人になっても、大して変わらない。だからこそ、「できること」を探すのではなくて、「やるべきこと」を探すべきだ。そうでなければ、いつまでも難しい問題はそのままであり続ける。多くの人が、好きでもなく、得意でもない問題を、教科書もない中で、ビジネスにもなっていない中で、どのようにして解決していくのか、そのことに真摯《しんし》に向き合ってほしいと、心から思う。そのためには、断片的で不正確な情報が蔓延《まんえん》するSNSを眺めているのではなくて、専門書などの本を読み、他者と議論し、何よりも自分を通して考え、行動することだ。断固たる強き意志こそが、すべての鍵なのだ。私はそれを、命ある限り、自らの背中で語っていく次第だ。

最後になったが、ささやかながら謝辞を述べたい。

まずは私たちアクセプト・インターナショナルの誇り高きメンバーたちに対して。私たちは文字どおりゼロから始まり、多くのメンバーたちと共に真っすぐに歩みを進め、今では極めて難しい問題に直接的に取り組む組織にまでなった。これまでのすべてのメンバーたちの意志が紡がれてきたからこそ、ここまでやってくることができた。彼ら彼女らの熱き意志こそが、私たちの本質だ。私はそのことを誇りに思う。

また、私たちの歩みは、メンバー以外にも、実に多くの人々によって支えられてきた。特に、私たちの取り組みに理解を示し、活動資金を提供してくださっている心優しき寄付者の皆様だ。私たちが深刻な問題に真正面から向き合い、問題解決のための重要な取り組みをすることができているのは、自主財源となる皆様からの温かなご寄付があるからに他ならない。本来であれば一人ひとりのお名前をここで挙げさせていただきたかったが、紙面の都合でどうしても割愛せざるを得なかった。それでも気高き寄付者の皆様を忘れることは決してない。

さらに、NPO支援団体やコンサルタント会社の有志たち、フリーランスのプログラマーやデザイナー、様々な人をつないでくださる政府や国連関係の方々や、ビジネスセクターの方々など、本当に数えきれないほどの人々にも支えられている。ここに深くお礼申し上げる。また、私が過労で倒れてしまったときなどにいつも差し入れをしてくれた友人たちや、飲み会などに誘ってくれて羽根を伸ばさせてくれた友人たちにも、心から感謝している。

こうした気高い人々から託された意志を、まさしく私は自分自身の肩に乗せている。そのことが、私をさらに強くするのだ。私は一人ではない、もう一人の意志などではないのだと。そうであれば、どんな困難をも乗り越えていける。

改めて、この日本から、終わりの見えない憎しみの連鎖を解いていこうと、静かに決意している。それは途方もなく険しい道のりだが、多くの意志が集まれば、必ず実現できると確信している。これからも変わらぬご支援・ご協力をいただければ大変幸いである。やるほかあるまい。私も引き続き、自らの使命に邁進《まいしん》する所存だ。

◉アクセプト・インターナショナル

日本生まれのNGOとして、テロや紛争のない世界を目指し、ソマリアやイエメン、ケニアなどで、各種事業を展開しています。お問い合わせは、下記の連絡先までお願いいたします。ご支援は、アクセプト・アンバサダー（月額継続寄付制度）が月1,500円〜と、その他単発でのご寄付も承っております。

◉所在地・連絡先

〒103-0012
東京都中央区日本橋堀留町1丁目11-5
日本橋吉泉ビル301
電　話：03-4500-8161
メール：info@accept-int.org

◉ご支援方法

（URLからか、法人口座へ直接お振り込みください）

https://accept-int.org/donate-lp/

三菱UFJ銀行（0005）　広尾支店（047）
普通預金　口座番号：0671891
口座名義：トクヒ）アクセプト　インターナショナル

紛争地で「働く」私の生き方

2023年 3月 5日　初版第一刷発行

著　者　永井陽右
発行者　飯田昌宏
発行所　株式会社小学館
〒101-8001　東京都千代田区一ツ橋2-3-1
電話　編集　03-3230-5637
販売　03-5281-3555

DTP　株式会社昭和ブライト
地図作成　タナカデザイン
印刷所　凸版印刷株式会社
製本所　株式会社若林製本工場

装丁・本文デザイン　竹歳明弘（STUDIO BEAT）
写真　八尋　伸、アクセプト・インターナショナル
校正　櫻井健司（コトノハ）、兼古和昌

販売　中山智子
宣伝　野中千織
制作　直居裕子
木戸　礼
編集　掛川竜太郎

Printed in Japan ISBN978-4-09-388894-3